今月のフェミ的

あくまで実践　獣フェミニスト集団 FROG［編］

インパクト出版会

FROGよりごあいさつ

この本は、雑誌「インパクション」（インパクト出版会）で連載している「今月のフェミ的」をまとめたものです。1999年にスタートしたこのコーナーも、今年で9年目。連載回数は40回を超え、まだまだ継続中です。

「今月のフェミ的」は、『あくまで実践　獣フェミニスト集団FROG（**Feminism and Radical Onanie Group**）』（略称FROG）がオーガナイザーをつとめています。FROGメンバーが、友人や知り合いとの会話の中で「これってフェミとは思われてないけど、すごくフェミ的ちゃう？」と思った内容を執筆依頼したり、グループや個人で活動をしている友人に「フェミ的視点で書いてほしい」とお願いしたりして、毎回違うテーマを取り上げてきました。諸事情から本書に収録できなかった原稿もありますが、基本的には掲載内容をそのまま、年代順に並べてあります。発表時から状況が大幅に変化しているものは、執筆者の方に「その後のこの話」を書き下ろしてもらいました。

連載第一回目にあるように、ここでの「フェミ」は執筆者それぞれの定義による「フェミ」であり、生活の中から問題化され、さまざまな実践を試みられているものです。したがって、全体を通して多種多様なフェミニズムが展開されており、問題への対処法も一様ではありません。ちなみに「フェミ的」という言葉は、短くて言いやすいことと、従来の「フェミニズム」とはちょっと違うという連載内容に即していることからタイトルに採用したのですが、結果的に、フェミニズムがからむ身近な話題を日常的に語ることができるよいツールになったと思っています。

9年前からの連載とはいえ、本書におさめられている話題は、2007年の現在でもまだまだ新鮮なものばかりです。80年代以降、「フェミニズムは大衆化した」と言われる一方で、「フェミニズムはアカデミズム中心になってしまった」という批判も聞きます。……ってどっちなんだよ!! という疑問はさておき、この本で扱う「フェミとは思われないけど、よくよく考えると実はすごくフェミ的!」には、リブやフェミニズムで既に議論されつくしたと言われ「議論終了」サインが点灯している話題や、フェミニズム的な結論が固定化しているものの実際には真っ向から取り組まれてこなかった問題、これまでのフェミニズムの議論からは抜け落ちていた視点や、「くだらない」と思われどこからも相手にされてこなかったコネタが盛り込まれています。そのため原稿の中には「どこがフェミなんだろうか」と思われるものもあるかもしれませんが、それこそが現在のフェミの在り方と言えます。

アメリカでは、90年代以降、若い層からフェミニズムの新たな潮流が生じ、第三波（サード・ウェイブ）フェミニズムと呼ばれています。個人差や民族性、文化による違いを意識したもの、実践的なもの、多様性を意識しながら共闘する基盤を模索していることなど、第三波フェミニズムの特徴と、「今月のフェミ的」との類似性はいくつもあげることができるでしょう。しかし、そうした分析よりも、もっと多くの人々が、自分の生活の中で持ち上がっているフェミ的問題を話したり解決法を探ったりできる場が必要です。

本書では、そうした活動の参考になるように、編者であるFROGの歴史や活動マニュアルも掲載しました。FROGでは、趣味や生活スタイルやキャラがかなり異なる三人がコアメンバーとなって、フェミニズムが取りこぼしてきた「ダークサイド・オブ・フェミニズム」を扱ってきました。「今月のフェミ的」は、さらにバラバラな執筆陣が集まって、同じ「フェミ的」というキーワードで話を展開しています。否が応でも多様さが保証されるこの在り方そのものが、今日的なフェミ的基盤と言えるでしょう。楽しんでいただけたら次はあなたの番です。ビバ☆経験共有!

今月のフェミ的　もくじ

FROGよりごあいさつ …… 1

第1章＊1999-2000

もりもり☆アイアイ
『いぬ』は終わるが、FROGは進む＊8

水島希
自分のまんこは自分のもの＊10

薫薫
芸術とエロ／作り手と素材＊13

三浦サツキ
暴力キャンペーン実施中＊16

タミヤリョウコ&滝波リサ
売春は　フェミ的課題が　うずまく場　風俗嬢フェミ対談＊18

榎原裕史
誰も知らない私の悩み＊22

井上章子（ききて・FROG）
美女問題　人生四方八方、藪だらけ。いかに拓くかけもの道＊25

水島希
「恋愛枠」による関係阻害　はまらずにハメるには？＊30

タミヤリョウコ
裏シスターフッド映画『富江』　生フェミにドキドキ＊33

竹下美穂
東アジアフェミ事情＊36

活動のための小ネタ集……39

第2章 ＊ 2001-2002

もりもり☆アイアイ
オナニーの人として、吉本若手芸人のライブに呼ばれる ＊ 46

ドラヒップ
音楽とおんなのこ　ドラヒップ交換日記 ＊ 49

水島希
女子の陰部をどうするつもり!?　「つくる会」教科書記述批判をめぐるフェミ的困難 ＊ 52

田中課長＋滝波リサ＋新黒カネコ＋もりもり☆アイアイ（司会）
米テロ問題★緊急座談会 ＊ 56

もりもり☆アイアイ
男女別トイレは、ジェンダー道場 ＊ 61

麻姑仙女
どう出る、金八!?　メディアと性同一性障害《GID》 ＊ 64

早野あづさ
生理用品をめぐる旅　キーパーの再発見 ＊ 69

水島希 featuring with もりもり☆アイアイ
男女共同参画ブラ　Tシャツと下着と乳首とわたし ＊ 73

田中課長
少林サッカー　極★私的・フェミの底上げ ＊ 77

キグ
プチフェミGIRLSジャンル誕生!? ＊ 81

FROG年表　1996-2006……85

第3章＊2003-2004

もりもり☆アイアイ
恋を失った今こそが、フェミ的にチャンス時☆＊92

荒木菜穂
関西在住平均的お笑い好き一女子の思う、「フェミと女芸人」＊96

陰毛如来＋尻毛観音
左派フェミに明日はあるか？＊101

薫薫
非フェミオジサマと一見フェミオジサマに学ぶ＊106

水島希
予想外にフェミ的！ アメリカのテレビ番組＊110

もりもり☆アイアイ
連れなし、子なし、金もなし それでも、朝の光の美しさを忘れない＊114

水島希
妊娠分娩産褥記 妊産婦は隠されている。＊117

小島恭美
女が男を買う、女性向け性感マッサージの実際＊121

浦島花子
「一番《ナンバーワン》」でも「唯一《オンリーワン》」でもなく＊125

松坂あまら
子育てカリスマにひざまづいて考えた二、三のこと＊129

フェミ的にオススメのコーナー……133

第４章＊2005-2006

浦島花子
男系男帝に「も」根拠はない＊142
武石藍
星占いをフェミ的に肯定してみる＊148
浦島花子
性教育とジェンダーフリー教育＊152
水島希
終戦直後の売春婦状況を振り返る＊156
小菅由美子＋水島希
『日露戦争勝利百周年を祝う青年の集い』レポ＊160
もりもり☆アイアイ
公園暮らしと横浜トリエンナーレ＊164
浦島花子
ユニークフェイスって？＊168
長山智香子＋黛公音
植民地主義、大学、ジェンダー　在カナダ日本人女子大学院生の経験から＊172
もりもり☆アイアイ
サッカー、女の旅＊178
水島希
アンパンマンはフェミ的か＊182
薫薫
トイレだけが問題じゃない　機会は均等になってきたけれど＊188

FROGニューズレター『けもの道』

編著者・著者プロフィール

今月のフェミ的

*

1999 — 2000

『いぬ』は終わるが、FROGは進む

＊

もりもり☆アイアイ

今回より始まりました『今月のフェミ的』。このコーナーは、フェミニズムの「フェミ」の字もおくびに出しちゃないものから、「これってフェミ（ニズム）的！」「フェミニズムにとって重要！」なものを、筆者の独断で選び出し、紹介するコーナー。時には、従来フェミニズム的にはあまり分析されてこなかったものをフェミ的に分析する、なんてこともする予定。コーナーとしては「フェミ的とは何か」を定義せずに始め、毎回リレー形式で筆者が変わるので、一義的でない「フェミ的」になると思います。

で今回は、もりもり☆アイアイ（獣フェミニスト集団ＦＲＯＧ発起人）担当で、今月のフェミ的は『いぬ』（柏木ハルコ、全６巻、小学館ヤングサンデーコミックス）。

〈女子大生高木清美は中学生の時以来、飼い犬ビリーを使い、バター犬オナニーをしてきた。がしかし、とうとうビリーはバター摂取過多のため糖尿病で死んでしまう。そこで高木清美はバター犬オナニーに代わるオナニーを探求することになったのだった〉こうして『いぬ』は始まる。そしてある日、高木清美は新たな「いぬ」として、中島くん（人間）を得る。

「いぬ」中島くんは、高木さんは自分のことが好きだからセックスに誘ってくるのだと思い、一方高木さんはセックスと恋愛は別。恋愛感情を抱かすようなカッコいいコでは、Ｈモードになれない。中島くんと高木さんのすれ違いが、〈愛してる＝セックスする（そ

©柏木ハルコ　『いぬ』３巻より

して結婚）〉といった恋愛・セックス・結婚の三位一体が自然や当然でないことを、面白くかつスンナリと示す。しかも『いぬ』では、女が恋愛とセックスをくっつけている側、男はバラバラに考えている側というよくある構図が逆転さえしている。

　ほとんど毎回セックスシーンやオナニーシーンが出てくるが、このマンガは、決して訳のわからないエロ理屈（つつましやかだった女はすっかり乱れて獣になった、など）を通しっぱなしではない。

　エロ理屈はひたすらには展開されず、かといってエロ理屈と高木清美が無縁か？　というと、そうではない。清美のセックスやオナニーにとって、「快楽に流される若奥様」「課長とＯＬ」などのエロ理屈は重要な盛り立てネタなのである。これは私にも、「エロおやじイメージの消費」（参考：ＦＲＯＧニューズレター『けもの道』２号）として思い当たるフシがある。

　こんなふうに、『いぬ』を読んでいると、創作にも関わらず、経験の共有をしているように感じ嬉しくなったり、触発されいろいろと思い出したりする。知らず知らずに、『いぬ』はＣＲ［＊１］めいたことを私に促す。

　連載中初めて読んだ時はあまりに面白く、オナニーの話を誰かとしたくなった。しばらくして、友人二人と話す機会があったのだが、とても盛り上がった。その日のうちに私たちは、もっと多くの、特に女の人と話をしようと、ＦＲＯＧというグループをつくることにした。ＦＲＯＧでするオナニー鍋会などを通じて、私は思わぬことが共有できたことに喜び、また思わぬことが違うことを知り喜んでいる。既に『いぬ』は完結した、が、ＦＲＯＧは進む。

【初出・１９９９年２月】

註

［＊１］consciousness raising（コンシャスネス・レイジング）のこと。自らの経験や感情について話をし、意識の変革を図ることを目的とする。

自分のまんこは自分のもの

＊

水島希

「自分の体は自分のもの」というのは第二次フェミニズムのスローガンですが、まんこ[＊1]をニュートラルに知るマニュアルって少ないと思いませんか？　「淫乱」とか「露出狂」とかいうイメージが付帯してくるもの、ヘテロチック（異性愛前提）なもの、もしくは、教科書的な、小学生の時分に読むにはいいが今の私が読むにはちょっと牧歌的すぎて現実とずれている、というものが多いような気がします。それはまるでまんこを「娼婦のまんこと母親のまんこにわける」、そんな感じです。こんなイメージを背負わず、かつ、まんこのこともよくわかる、という本は少ないのでは。

そこで選んだのが『魔羅の肖像』（松沢呉一、翔泳社・1996年）と『アダルトグッズ完全使用マニュアル』（東京公示編著、データハウス・1994年）です。

『魔羅の肖像』は、基本的にはちんこ（魔羅）についての本です。歴史的、科学的な文献をひもときながら、ちんこの実像にせまろうという力作なのですが、ちんこを知るにはまんこが重要、ということで、本の半分以上がまんこに割かれています。著者の松沢さんは、いろいろな女性に話を聞き、本人が語った言葉を用いてまんこを表現しています。実際にまんこ持ち同士

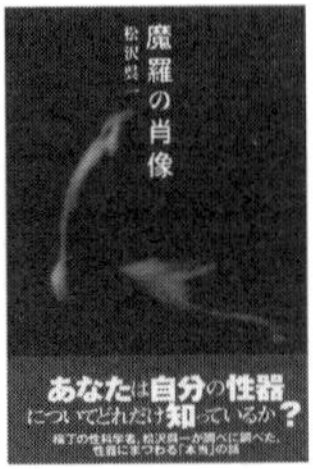

で直接情報交換ができればいいのだが、そうできない場合によい資料として使えます。イキやすくなるための訓練方法も紹介されており、自習教材にもなります。

自分のまんこをよく知るために、70年代にはスペキュラムが使われました。まんこの機能を知るためには、バイブやローターが有効な場合もあります。『アダルトグッズ〜』は、モニターからの声をいかした実用重視のマニュアル本です。バイブやローターだけでなく、ローション、コンドームや、ＳＭグッズなど、いろいろな種類の道具が紹介されているので、アダルトグッズのだいたいの全体像がわかります。最近は、**LOVE PIECE CLUB** やシエスタ［＊2］のような、女性による女性のためのバイブ屋があり、色々ながめながら、あるいは、友人とあれこれ言いながらチョイスすることも可能になっています。この本を読んで、お手入れ方法や基本的な使用方法などを押さえて、お店に買いにいこう！

それから、まんこ持ちのみなさん、潮吹いてみたくないですか？　医学的に「潮吹き」はあまり研究されていないのですが、まんこの可能性は追求してみたいものです。最近はそのテクニックを具体的に教えてくれるＡＶビデオがいくつもでています。たとえば加藤鷹による『潮吹き秘伝』。加藤鷹さんは、女性に潮を吹かせる技術を習得されており、ほぼ１００％の人に潮を吹かせることができるそうです。ただ、加藤さんのさわり方や接し方は丁寧で好感がもてるのだが、他の出演者は嫌な感じの人が多く、辟易するかも。加藤さんの部分のみ鑑賞されることをお勧めします。

セックスはある程度簡単に手に入ります。でも、セックスをする機会のコントロールはできるようになっても、自分のまんこについてのコントロールはまだそれほど進んでないのではないでしょうか？　こういう書き方で抑圧が増える危険性ももちろんありますが、中絶にしろ避妊にしろ、いままで長い間「女のからだは女のものではない」という政治的キャンペーンがはられていたことを考えると、とりあえずはみんなチェックしてみたらいいのでは、と思います。知りたい時に知りたい情報が手に入ることが重要ですよね。

【初出・１９９９年４月】

註

［＊1］「まんこ」という呼び方、および、まんこを使用することについては、長山智香子／水島希「まんこを得る旅」（だめ連編『だめ連宣言』作品社・1999年）参照。

［＊2］下北沢にあった「シエスタ」は、その後閉店しましたが、シエスタ店長・山田英子さんのインタビューは『性女伝』（いそのえいたろう、徳間書店・1998年）で読めます。

芸術とエロ／作り手と素材

＊

薫薫

今回は、ちょっとシブく、一ノ関圭の描く「裸のお百」（『一ノ関圭作品集1　らんぷの下』小学館、1992年所収）。

　このマンガの舞台は明治。日本初の洋画裸体（ヌード）モデルとなったお百という女子が主人公。時代はまだ裸体画はタブー。一般公開もされておらず、裸体モデルも認められてはいなかった。何とかしてモデルになる女子を捜し出したかった洋行帰りの黒田清輝をはじめとする天真道場（白馬会の前身）の洋画家達。そんなときモデルとしてピッタリの少女・お百が数年前に発行されたエロ裸体写真絵葉書に写っていた。彼女の叔父は嫌がるお百を無理矢理写真モデルにした過去同様、今度も天真道場に彼女を売り渡す。諦めてモデルをするお百。黒田の洋行仲間にして天真道場の頭・久米桂一郎はお百に「裸体モデルは西洋では当たり前の仕事で、認めない日本は遅れているのだ」と言う。［＊1］　理解できないお百。そんなお百をモチーフにした裸体画がいくつも描かれて

「裸のお百」が収められている『らんぷの下』。寡作の天才・一ノ関圭のデビュー作のタイトルを冠した本。昔売られていた大判の方が絵の美しさもジックリ味わえて良い。一ノ関圭は歴史コミック雑誌『ビッグコミックone』で「鼻紙写楽」という佳作を不定期連載中。どんどん描いて欲しい作家の一人。マンガ以外にも江戸の歌舞伎や灯かりを実証的に描いた絵本も岩波書店から出版されている。値段は少し高めですがオススメです。

©一ノ関圭
左）『裸のお百』の扉絵中心部分。
右）エロ目的のブロマイドを出版したお百に洋画家の久米が激昂している場面。

いく。「朝妝《げはい》事件」［＊2］など裸体画賛否両論の嵐が起こり、注目が高まる中、黒田ら天真道場のトップは東京美術学校（後の東京芸術大学）の教員となって世間的地位を得る。お百は話題の裸体画モデルということで世間的に注目を集め、裸体画以外にエロ用写真モデルもやり、多額のお金を得る。「下劣なエロ写真モデルになるとは何事」と非難する久米。「洋画だろうがエロ写真だろうが私にとっては同じこと。稼げるうちに稼ぎたい。肉体が私の武器だ」と答え、モデル業をこなすお百。そんなお百に不幸が。ペストで敗血症になりモデル生命が絶たれたのだ。その後お百は様々な女子を勧誘し、モデル事務所を経営することに……。

右のような粗筋であるが、いくつかの場面が自分、またFROGで考えていることにリンクしている。お百の認識の差として描かれた「芸術ヌードとエロヌード」の違いとは何だろうか？ モデルのお百は同じことだと言う。作り手の目的が非エロかエロか明確な時も多いと思う。しかし受け手は作り手のねらいと異なる反応を示すこともあるだろう。これはまた、エロとは何か？ という問いとも関係している。

これとは別に、お百は自分がヌードモデルであることをどう受けとめていたんだろう？ はじめは嫌がっていたけど、その後の意識はどうだったんだろう？ またモデル業ができなくなってからは？

そして作り手とその素材となった人物との関係とはどんなものだろう？ AVスタッフと俳優、画家とモデル、文化人類学者や社会学者らと調査される人々……などの関係って？

このマンガはまた赤線廃止［＊3］も連想させる。どちらも近代国家としてやっていこうとするとき、一方では芸術という名のもとヌードモデルは認められ、もう一方では赤線廃止でエロの一翼を担った売春婦や売春宿が法的に排除され、エロ目的のポルノモデルも侮蔑される。そんな分離が起きる。どうしてなんだろうか？

さて、この「裸のお百」は絵もうまく、字数の関係で右のあらすじには出せなかった人物の活躍もインパクトがあり、ドラマとしても大変面白かったのでおすすめです。

【初出・1999年6月】

註

［＊1］この「○○では許可されているが、日本ではダメ。だから日本は遅れている」理論はいいんだろうか？　という疑問も当然ある。

［＊2］黒田清輝のフランスのサロンで入選した裸体画・朝妝を博覧会に出品したところその絵を巡って裸体画に対する非難が起こり、裸体画論争になった事件。

［＊3］赤線などについては本書156～159頁、水島希「終戦直後の売春婦状況を振り返る」が詳しい。

暴力キャンペーン実施中

＊

三浦サツキ

最近、私は暴力に対抗する暴力キャンペーン中だ。失礼な事を悪意をこめてしてくる人、しかし私と向き合う気のない人、さらには話してよ、とモーションをかけても答える気のない人、にはガンガン暴力でお返ししたい。暴力をふるう事、暴力に対抗する為、それを撃退する為の暴力をたしなんでおくのはとても必要だと思うから。

他人から不当な扱いを受けて引き下がっているのは大変もったいないことだ。ストレスがたまるしね。ただ、暴力をふるうには技を習得する事が必要だと思っている。重要なのは、気迫（おこってますよ、という）＋状況に合った行動＋タイミング（できたら早めに）＝効果的なこわさだ。とにかく相手に「こいつを怒らすとこわい、死ぬかも。」と思わせる&ビビらせないとあまり意味がない。

そのように今私はキャンペーン中だけども、いかんせん私は怒ること＋効果的な暴力の行動にでる、というのがとっても不得意である。他人に「嫌」という意志を伝える時、どうしても相手に気を遣ってしまうのだ。

例えば街中で、声をかけられて失礼な事を言われまくってしつこく追っかけられたとする。これが無視&睨むくらいの攻撃ではだめな場合、もっと他の行動にでんとあかん。物をなげつけるとか、手元にあるコップを割るとか、大きな音を出すとか、木を切りたおすとか。そしてそれは相手が女であるか男であるか、私より力が強いかどうかとか、ということも大きく関係してくる。そこで瞬時の判断や技が必要になってくるんだけども、なぜか私は相手に派手なかんじで打撃を与える、という行動はほとんどしてこなかった。それは一体なんでなんか。

しかし、ある日ふと気がついたのは例えば街中で、店の中で、人ごみで、目立った怒りを表すことで視線が集中するのが私はこわいのだという事、そして一触即発の攻撃の舞台を作ることがこわい、そして何よりも自分がここに立っている歩いている座っているだけでこの場が自分のものである、という事を主体的に強く思うことができない、だから表明できんかんじだったのだと思った。

この事をある時人に話したら、その人はそれは「女」として育てられた事が少なからず関係しているのではないか、というかんじの意見をいっていて、うん、「女」と関係あるとはあまり思ってなかったけど、絶対それもあるだろう、と思った。「女」の特徴の中には身を引いてしまうとか、自分が悪いと思っちゃうとか、あきらめてしまう、というのが多分ある。そしてそれは「女」だけじゃなくて弱いものと社会的に無理矢理位置づけさせられたものが持たされている特徴のひとつなんではないかと思う。

嫌な事を嫌だという、そして不当な扱いに対して攻撃をする事は相手と決裂する事では決してない、むしろその逆だと思う。私が攻撃をできない理由が「女」だから、とか「少数者」だからという所にも原因があるとしたらその原因をどんどん気付いてあえて捨てていきたいと思っている。私は「女」でもなく「少数者」でもなく「私」になって同じ位置に立とうとしない人には暴力をふるう。

【初出・1999年8月】

売春は　フェミ的課題が　うずまく場

風俗嬢フェミ対談

＊

タミヤリョウコ ＆ 滝波リサ

滝波：今日は、フェミニスト兼風俗嬢として、普段の仕事上の困難、および、この仕事のいい点なんかを語ってみたいと思います。えーと、私はヘルス［＊1］で働いていたのと個人売春を少々、という感じなんですけど、タミヤは？

タミヤ：私は、風俗は五つの職種を転々として、今は個人売春を細々とやってます。

滝波：細々かぁ……。最近景気悪いよね……。［＊2］それはさておき、いい点からいってみよう。風俗や売春をやっていてよかったなと思った点ってある？

タミヤ：時間単価が高い、という点以外では、セックスや自分の性欲、自分が「女」で「女」として扱われること、私や私以外の人が「他人」がどうみてるかとか、そーゆーのを考える手がかりになったりして面白いです。

滝波：私もヘルスで働いてた時にそういうのを感じた。今まで、実生活のセックスで「こうして欲しい」って言ったり言われたりすることって少なかったなあ、とか。で、ヘルスで客に「これはできるけどこれはしません」ってはっきり言ったりするのは、まさにアサーティブネス・トレーニング［＊3］やん、と思った。性感染症の知識も抜群に増えたし。あでも、感染予防って、リスクを評価して、どこまでオッケーにするのかを決めるのが、実はすんごい難しいってこともわかってきたんだけどね。

タミヤ：リサすごいな。私は足掛け8年だけど、そういうことができてきたのここ数年。

そして、自分のやりたくない事をやらないで、この仕事できる可能性がある、と確信したのはつい最近だな。それまでは、ひどいヤツいてもいろんな理由で言わなかった。言っても無駄とか。

滝波：タミヤの言うひどいヤツってどんなの？

タミヤ：目に見えてヒドイっていうのはまだマシで直接怒ったりできるから。ほんとにイヤなのは、一見わかんないんだけど、こっちのこと全く無視してて、でも自分の欲望は押し付けてくるヤツ。リサはどういうことが気になる？

滝波：前、伝言ダイヤル［＊4］で客をみつけてた時に、私が携帯の番号を伝言に入れへんって文句いった客がいた。警戒してたから入れへんかったんやけど、その人は「恋人気分でいたいのに、信用してくれないのはひどい」とか言ってて、力関係とか立場の違いにぜんぜん気がついてないんだ、と思って気持ちわるかった。客が自分のファンタジーをセックスに反映させて盛り上がるのはいいんだけど、関係性にまで反映させて変に下に見たり、私に害があることを平気で要求したりする態度には腹がたつ。そういうとこに無自覚な客って多い気がする。

タミヤ：あと、仕事のセックスに、私がエロだと思うものを使ってるんだけど、そういうイメージを注釈なしに相手に使わせてしまうのにすごいためらいを感じる。仕事以外のセックスでは、それ以外の自分も見せてるから釣り合いがとれる気がするけど、相手のセックスを楽しくすることが中心の人間関係で見せる自分は、なんつーか、あまりに「男」に都合がよすぎる「女」じゃないか、とか。そんなイメージをばらまいていいのか!?　人として。とふと我にかえったり。

滝波：「女」イメージを使うのって、簡単だけど、問題があるよな。

タミヤ：うん。セックスの時に行われたことが、全人格に投影されたり。長い間、売春するには、そういうことってつきものなんかな、とすさんだ気持ちになってたんだけど、いろいろ経験をつんで、ある日、そうじゃないやり方ができる！　と思った。自分は客に対して、傷付かないように防御をしてて、それは当然必要なことなんだけど、そのやり方を変えた。それまでは、お金が介在しているにも関わらず、そのことを感じさせないように努めてたんだけど、それはやめて、売春であることをはっきりさせた上で、あなたはどうしたいか、私はどうできるか、話し合いましょう、という態度に切り替えた。それができるのは、客によって程度の差があるし、同じ客でもできる時、できない時があるんだけど。でも、そうすることで自分の意志を曲げないでサービスはきっちりできる、というスタンスをはじめて手に入れた気がする。

滝波：すごい！　切り替わるきっかけって何かあったの？

タミヤ：はっきりはわからないけど、一時期、売春業から離れていて、自分は売春に対して全面OKとはいえない、それはなぜか、ということをずっと考えていて、それは売春が「嘘の人間関係」の上に成り立ってると感じているから、と気がついた。でもよく考えたら、それは「嘘をついている自分」がいやなんであって、それならそうせずにやってみようと。

滝波：首尾はどうですか。

タミヤ：最初はうまくいかなくて大変だった。変に説明の多い売春婦になったりして。こんな売春婦と寝たいか？　と存在自体が問われる感じだったけど、今は通常は「女」のふりをしていて、要所要所で自分の立場をはっきりさせる、という感じかなあ。

滝波：なるほど。実は私も最近、売春で、自分を変に押さえずキャラをばんばん立てていこうっていう試みをやってるんだよ。私、映画好きだから、マニアックな映画の話で盛り上がり、人生も語り、セックスもできる！　というウリでやってみてます。こんな体験なかなかないでしょと思って自尊心も高まるばかり。単なる「女」としてのみ消費されているという感じも薄くなったし。

タミヤ：うーん、私は基本姿勢はかわったとはいえ、やっぱ「女」のふりに頼ってるな。その事自体を完全にやめようとは思わないけど、バランスをもっと洗練させたい。

滝波：「ふり」と言えば、はじめてヘルスで働いた時、やっぱ女の子っぽいのがいいんだろなって思って、白いマニキュアしてたのをわざわざピンクに変えていったりした。そしたら同僚の女の子が、白とか黄色のマニキュアをしてて、別に問題なくってびっくりした。私が持ってる「男がセックスしたがる女」イメージをつきつけられた気がしたよ。

タミヤ：ぎくっ。他の同業の人は、その辺をどう感じているか、すごい知りたい。

滝波：うんうん。あでも、この問題って風俗に限ったことじゃないよね。セックス以外の場でも生じてるし。

タミヤ：そういや、仲良くしてる人とのセックスの仕方も変わってきたな。最初は、売春してることで病気をうつしてしまうのでは、と負い目を感じてたんだけど、最近、私が気を付けていても、相手に病気の知識があって、自分で予防しようとせな意味ないじゃん、と思って、その人に、これから私が病気持ってる可能性を前提に、自分の責任で予防をして、と話した。基本的な気がするけど、今までそうしてなかった。

滝波：あなたとしかしてません、て言われると、私が悪いかもという罪悪感を感じてしまいがちだなあ。でも、その人はその人の責任を果たしてないと思う、やっぱり。

タミヤ：あと、捕まりたくねえ。なんとかならんのか。

滝波：他の同業者としゃべりにくい状況だしね。でも私は志を追求するよ。がんばろな。

タミヤ：病気にも気をつけような。おわり。

【初出・1999年10月】

註

［＊1］この原稿が書かれた1999年、風俗営業適正化法が改正され、派遣型ファッションヘルスも合法になりましたが、この時点ではヘルスといえば店舗型でした。

［＊2］最近景気悪いよね……（いまから思えば1999年はまだマシでした。）

［＊3］アサーティブ・トレーニング（AT）：自分の気持ちを押さえたり歪曲したりせず、相手に率直に伝える方法を身につけるトレーニング。各地域でAT講座が開催されているので、興味がある人はネット等で調べてみてください。

［＊4］いまでは個人売春でお客さんをみつけるのは出会い系サイトが主流ですが、90年代後半は伝言ダイヤルがけっこう使われてました。

誰も知らない私の悩み

＊

榎原裕史（左翼活動家）

長いあいだ、「男」である自分が性差別や性暴力に反対する活動にどう関わりうるのか、よく分からなかった。「『男』の性欲は性暴力に不可避にむすびつく」と思っていた私には、『性暴力にむすびつかざるをえない性欲』をもっているはずの『男』が性暴力に反対するなんて『口先だけのウソ』でしかありえないのではないか」と思えたからだ。性差別・性暴力を正当化するためではなく、それを問題化しなくては、と強く思いながらも私は長いあいだ、どうしてもその枠から抜け出すことができなかった。そして一人で押し黙って、苦しんでいた。

私自身が性差別や性暴力のことを考えるようになったのは、自分が風俗（ファッションヘルス。以下ヘルス）に行っていたこと、そのことをめぐって周囲から強い批判、非難を受けてからだ。なにが問題なのか、それがどのような問題なのかが冷静に語られるまえに「非難」「拒絶」「驚き」という反応が押し寄せてきた。すくなくとも私にはそう感じられた。

とにかくも私はそれを受け入れざるをえないと思ったし、これらの反応を一つの手掛かりにして、ヘルスにいっていたということをキチンと捉え返そうと思った。そう考えたとき自分にはそれに応える言葉がまったくなかったこと、自分の性欲のことは考えても、それにまつわる様々なこと、他者に与える影響については何も考えていなかったことを思い知らされた。

しかし、その捉え返しは「ヘルスにいくことは性差別だ（あるいはそれを助長している）」ということをともかく前提にしたまま、「なんでいったのか」という点に主要な問題設定をして進行した。そういう設定のもとでは「ヘルスにいくこと自体がどのような問題なのか」ということを冷静に議論することはとても困難だった。「拒絶」「驚き」を示した人々からは、そう問題を立てること自体が「居直り」と取られるし、また一方では確かにそれまでの自分を振り返ればそうとられてもしかたのない状況があったからだ。

自分のなかでも冷静に問題を捉え返すこと以前に「自分への拒絶」「自己否定」が立ちふさがるという状況が生まれていった。「なんで行ったのか」と問われれば、端的にいって「気持ち良かった」「性的な興奮をえられた」ということに尽きるが、このような状況のなかでは、「そんな自分はダメでした」という曖昧な自己否定しか導かれることがなかった。そしてまた一方で、それまでヘルスにいって気持ちよがっていた自分との連続性を無視して、「性差別と分かったので今日からは興奮しません」「自分の性欲は変わりました」ということもできず、そうなるともう「自分はおかしい」という風に「自己否定」を拡大しながら繰り返すしかなくなっていった。客観的にはただの禁欲主義。自分一人のなかでどんどん煮詰まっていって、そんな自分にとっては「ヘルスに行くことのなにが問題なのか」を冷静に分析すること自体がますます恐ろしいことのように思われた。

この一連の経過は私にとって自分のセクシュアリティに向き合うとても大きな機会になったが、一方で自己の内部で回りつづける出口の見えない煮詰まりが私を閉塞させていった。誰にも、何も話せなくなった。自分の行為に「驚き」「拒絶」した「男」たちがいったい何を考えているのかわからなくなり、苛立った。

最近、やっと私はすこしずつ自分のことを語ることができるようになってきた。そして前に進む糸口を掴んでいると感じる。自分の中で完結した煮詰まりをいつまでも繰り返しても、それ自体は現実に起こっている性差別や性暴力に対して何の積極的な影響も与えないという、ある意味ではあたりまえのことに気づいたことが一つ。もう一つはセックスワーカーたちの声や運動に接し、自分が「買う側」という場所でないところでその人たちと関係を築くことができるのだということを知ったこと、そしてそのような関係性のもとで自分は「ヘルスに行っていた」という過去との連続性を持った、積極的な実践を——それはセックスワーカーの運動を支援するなど——行うことができうるということを知ったこと、である。その場所からこそ、私は自分のやっていたことの意味をリアルに捉え返すことができるのではないだろうか、と思っている。

自分のなかの全てがいきなり解決するわけではない。が、やっと私は外に開かれた回路を獲得しつつある。そしてそのことは私にとってかつてないほど前向きで幸せなことだと感じている。

【初出・2000年1月】

美女問題
人生四方八方、薮だらけ。いかに拓くかけもの道

＊

井上章子（聞き手・FROG）

今回のフェミ的は美女問題。美女問題とは、美女であることがどう大変で、美女はいかにして人生をサバイブしているかという話。ミスコン反対などの運動は、「美しさ」だけが女の価値でないことやいろいろな美しさがあることをメッセージしてます。一方、美女が「美しい」がゆえに抱える問題にはあまり焦点があてられてこなかったのではないでしょうか。

私は美女では全くなく、美女問題はほとんど知りませんでした。井上さんのお話を伺い、初めて美女問題を仮想的にですが実感しました。美女問題はやっかみがつきものなので、多くが共感しづらいものです。井上さんはお話の間、「不遜なやつと思われるのでは」と、終始遠慮ぎみでした。（FROG）

——どんな美女問題を体験してこられました？

井上章子：子どもの頃は平和でした。「かわいいでちゅね」とか言われてもニコニコしてればよかった。「美人」とかわいいじゃ全然ちがいますから。

美人って子ども心には怖いでしょ。「シンデレラ」も「白雪姫」も心の美しさを兼ね備えてない美人が罰せられる話だし、「そらまめの上のお姫さま」なんか美人の言うことは鵜呑みにしちゃいけないよっていう話じゃないですか（笑）。自分は美人じゃなく

て「かわいい章子ちゃん」でよかったと思ってました。

状況が変わったのは高校生になってすぐでした。中学の卒業アルバムが各高校で回し見されてたんですが、「おまえを紹介しろと友達に言われた」と、中学の同窓の男子からやたら連絡があったり、通学電車の中で口きいたこともない人から手紙をもらったりっていうのが始まったんですよ。卒業アルバムの件は特にひどかったですね。「井上は性格知らなきゃ美人に見えるんだな」って電話のたびに言われたり。容姿以外は価値がないみたいな言い方もされちゃって。モテはじめると女友だちとの関係もうまく行かなくなりましたね。「あんた誘うとかっさらわれちゃうから」とか言われて合コンにも連れてってもらえないし、二言目には「あんたにはわかんない悩み」とか言われたりして。「急になんなんだ?」という感じ。あの頃は、自分が美人だということを理解してなかったし、美人だけども嫌われないように立ち回る方法を学習してなかったんだなって、今は思う。

――そこをその後、どうサバイブしてこられました?

井上：「美人だけどそれをハナにかけてない人」とか「美人だけど大酒飲み」とか「美人だけど路上で寝るのをいとわない人」とかいう「キャラ」を立てていくことで乗り切ろうとしましたね。私は編み物とかお菓子作りが趣味でよくやるんだけども、それは絶対に話題にしない。たいして好きでもない豪快オヤヂっぽい趣味の話をしてね。苦しいですよ。

美人っていうのは得だろうと思われるんだろうけど、社交上からいうと実は欠点です。「美人=イヤな奴」だろという先入観と闘うことから始めなきゃいかんわけ。マイナスからのスタートなのよ。

仕事するようになっても、所長の愛人と思われたり、もうイヤなことばっかし。容姿だけで採用されたと思われないように「美人だけど仕事はできる」と思ってもらえるように、がつがつ仕事をしてみたりしてね。元来そういうのは苦手なのでいつもボロボロに疲れてましたね。会社で男の人たちにちやほやされても実益はないのに、ちやほやされない女の同僚となんとなくよそよそしくなったりということもあったな。

仕事以外で人と知り合っても容姿のことを言われるともうだめ。私は自分のことを美人だと思えないし、それを言って「ご謙遜」とか言われるのもうんざりだし、本当に興味があるわけじゃないのにエベレスト登山にチャレンジするようなかんじで口説かれるのももうごめん。

そういうわけで、結構大変な思いをしてサバイブしてるのに「井上ちゃんってしゃべんなかったらタイプなんだけどな」という方向で攻めてくる奴も出てきたりして、こういうのは二重におとしめられるわけで、「キャラ立て」も決して万能ではないわけです。

——でも、ちやほやされて嬉しかったりしません?


井上：嬉しくないよ。だってさ「ええ美人なんです」と答えるわけにもいかなかったし、「そんなことないですー」と言ってみたって「いや美人ですよ」とか言われるだけで、結局「もっと褒めろ」って強要するのと同じようなことになる。容姿のことを話題にされるのは本当にイヤです。全然嬉しくない。できたら一度どういう答えを求めてるのか聞いてみたい。「美人ですねー」って挨拶がわりに言う皆さんはどう答えてほしいんですか？　って。これが叶恭子［＊1］ぐらいだと、「ええ、美の秘訣はすっぽんスープとざくろジュースですわ」とか謙遜なく答えられるんでしょうけど、私程度ではねえ。

一時、過食症で太ったことがあってその時は楽でした。「太ったね」っていちいち言われるのはかなわなかったけど、「美人ですね」とは全く言われなくなりましたから。ま、過食症が治るまでの一時のことでしたけど。変な眼鏡をかけたりもしてましたね。馬鹿みたいだけど、その時は必死だったんですよね。

——そっかあ。最近はどうですか？

井上：それが、あれほど苦しかった美女問題も30歳を過ぎたあたりからすっと終わりました。はっと気付けば社交が楽になってた。「美人問題」じゃなくて「若い美人問題」だったってことかな。若くない美人っていうのはいないってことかもしれないけど。そういうわけで最近すごい楽になってたんですけど「井上さんって若い頃すごい美人だったでしょ?」っていう奴が出てきて、ああ簡単にはいかないもんだなあとさとりました。ま、こういう奴には「ババアで悪かったね」って答えときゃいいんで簡単なんですけど。

まあそういうわけで私は若い頃自分が美人だということでいろいろ大変だったし、苦しくて、自分が美人だったことは欠点でしかなかったんですが、今は叶恭子さんのように「美人でそのままOK」って感じのことを言ってくれる圧倒的な美人のカルトスターが出てきてすごくいいですね。ふつう美人女優は「全然美人じゃないですよ」って、たいてい謙遜しますよ。「美の秘訣は?」とか聞かれても「なあんにもしてません」なんて答えたりしてね。だから、叶恭子さんの「美しさ」を謙遜なくズバっと売りにするやり方って、どんな美人女優も成し得なかったこと。一筋の光だと思います。私の若い頃にこの人がいたら、もう少し自分を誇れたでしょうね。

【初出・2000年3月】

★その後のこの話

最近観たアメリカ映画の若い女の子の台詞に、「あの子ったら美人なのに性格が悪いのよ!信じられない!」というのがあったりして、ここで話したような「美人問題」って1965年生まれのあたし世代の女子だけに共有できる話で、次世代の女子には伝わりにくい話かもね、と思ってたんですが、なんと昨日駅で見たスポーツクラブのポスターにこんな台詞を発見しました。

「きれいな人の『なんにもしてない』はたいてい嘘です」

美人女優さんがマシントレーニングをしてる写真についてたコピーです。

うーん、これが説明なしで通用する程度には「美人問題」は生きてるってことなんですね。なんかがっくりです。

なーんだまだそんなんなんだー。

「若い頃は美人だった問題に直面してる世代」を勝手に代表して、「美人問題まっただ中世代」に、心から「女子たち！ 美人たち！ がんばろうねーっ！」と呼びかけたいような気持ちです。勝手に代表してごめん。でも「美人問題」なんてすんごい言いにくいことをがんばって話したんだから許して。

さらに付けたし。

この話をした時点では「ポッと出てきた妙にゴージャスな人（テレビ的には）」だった叶恭子さんでしたが、7年経った現在でも案外過去の人になっておらず、知名度は増したが立ち位置は変わらずという大成功ぶりです。

唇の成長（コラーゲンだよね？）と、肝臓悪化（最近は節酒されてるらしいです）という、出始めの頃には全くなかったかげりも、イメージダウンにはなってないですしー。

最近の叶恭子さんの言動であたしが好きだったのは、人気ホストを集めてナンバーワンを決めるような番組で、最後に「恭子さん！ 永久指名のホストを決めてください！」とふられて、「あたくし『永久』とかは無理なの」と最後まで「永久」を拒んだまま、美香さん（叶姉妹の妹役の人）もフォローしきれず、なしくずしに番組が終わりそうになったっていうのでした。

叶恭子さんの誠実さが伝わるいい話でしょう？

結婚なんか全くするつもりはなくても、「結婚願望はあるんですけどねー」とか言っとかないと世の中渡って生きにくい一般未婚女子にとっては、すんごくかっこいい態度に見えましたしー。

今後も叶恭子さんには大注目です。

註

［＊1］叶恭子 元ミス日本。ニューハーフ疑惑が出る程の美人。ざくろジュースブームの火つけ役。彼女について詳しく知りたい方、彼女に救われたい美人の方は著作『蜜の味』（幻冬社・1999年）を。

「恋愛枠」による関係阻害
はまらずにハメるには？

＊

水島希

全国数千万のフェミなみなさん！　恋愛しようとすると、従来のシステムにのっかったものにしかならなくって苦しんでいませんか？　ロマンチック・ラブ・イデオロギーはむちゃくちゃ微妙な所にまで入り込んでいるので、気をつけていてもすぐに「恋愛枠」（恋愛システム）に巻き込まれてしまいます。逆に、単純な好意から出ている行為でも、「ラブ狙いでは？」とか「家父長制を補強するのでは？」と警戒してしまい、荷物を持ってもらったり正常位でセックスしたりするのも困難な毎日です。今回はそんな「恋愛枠」による人間関係阻害を描いた映画を紹介しながら、問題に迫っていきます。

★『メリーに首ったけ』（1998年・アメリカ）

利発でかわいいメリーは、まわりの男の憧れの的。彼女自身はちゃんとした人間関係を望んでいるが、言い寄ってくる男は卑劣な手を使ってでもメリーを手に入れようとする人ばかり。前回の「美女問題」をまさ

『メリーに首ったけ』
原題：There's Something about Mary
1998年／アメリカ　20世紀フォックス映画配給
出演：キャメロン・ディアス／マット・ディロン他

DVD発売中
20世紀フォックス　ホームエンターテイメント

に地で行く映画。「モテモテでいいねえ」なんて言ってられない。近付く男の大半は彼女を表面的にしか見てないので、メリーがいくらがんばっても恋愛ゲームにしかならないのだ。恋愛コメディじゃなくて、恋愛ホラー（呪い系）っす！　片方がいくら「恋愛枠」から逃れようとしても、相手が「恋愛枠」ベースの関係しか想像できないのなら、自分自身を素直に出せる関係は築けない。電話をかけたら、即、気がある証拠↓セックス↓恋愛↓結婚?! と解釈されるなど、よくありますよね。どうやって人間関係をつくればいいの？　と絶望的な気分になります。

★『チェイシング・エイミー』（1997年・アメリカ）

マンガ家のホールデンは、レズビアン・マンガ家のアリッサと友だちを経て恋愛状態に。しかし彼女の過去の奔放な性体験を知って嫉妬や不安にかられ、彼女を受け入れることができなくなる。過去を隠していた事が示すように、アリッサもまた「恋愛枠」から抜け切れていない。お互いに素のままの相手を見ようと努力するが、わかっていても抜けられない！　という困難に直面するのだ。

枠から外れようとしてる人を見つけるのが困難、見つけてもお互いに抜けでるのが困難。まさにけもの道です。「恋愛枠」から逃れられないのなら、「結婚枠」からも「家族枠」からも抜け出ることは難しそう。大多数が「恋愛枠」を指向してる中で、この困難はどうやって解決できるのか？

その鍵のひとつはもちろん、女の友情（シスターフッド）。「恋愛枠」や「結婚枠」は、女を、男だけでなく女からも切り離してきたからです。90年代初めには『テルマ&ルイーズ』（1991年・アメリカ）、『フライド・グリーン・トマト』（1991年・アメリカ）、『カウガール・ブルース』（1994年・アメリカ）など、女の友情ものの秀作がいくつも出てます。

しかし！　この映画たちは大好きなんだけど、エロも感動もあるんだけど、何か足りない（単に私の趣味だけど）。それはズバリ笑いです。ほんとにアホな、変な、破天荒な、女子の大活躍が観た〜い！　そんな心の需要を満たす、シスターフッドというほんわかした語感からはちょっとずれた、笑える女子ものが、ここ数年どんどん出てきています。その中から二つご紹介します。

★『ミュリエルの結婚』（1996年・オーストラリア）

学校でも家でもダメな子扱いされるミュリエル。「結婚」でみんなを見返してやろうと偽装結婚をするが、結婚を利用して他人からの評価を得ようとしていた自分に気付き、好きな友だち（女子）との関係を選ぶ。「家族枠」問題もあり。

★『ロミー&ミッシェル』（1997年・アメリカ　公開時邦題：ロミーとミッシェルの場合）

ロミーとミッシェルは高校卒業後、都会に出て、ぱっとしないが楽しい生活を送っている。そんな二人が昔いじめられた女子グループを見返そうと高校の同窓会に参加する様子を描く。男の介在による女の分断が示されつつも、家父長制に加担しない女子同士が、さらりと協力しあうサマがすげえかっこいい！　そして踊りが変！

「恋愛枠」に巻き込まれないよう恋愛やセックスに関わらないで生きることは、たぶん可能です。でも人間関係を通した自己発見ってとても重要だし、私は恋愛やセックスから遠ざかるんじゃなく、「恋愛枠」から限りなく離れた恋愛やセックスや親密さを、いろんな人と楽しめるようになりたい。そんな可能性を垣間見せてくれる上記の映画（全てビデオ／DVDあり）は、ほんと、おすすめです。

【初出・2000年5月】

裏シスターフッド映画『富江』

生フェミにドキドキ

＊

タミヤリョウコ

ちいっす。フェミニスト兼風俗嬢のタミヤリョウコです。フェミ的の原稿を書くにあたって、まずフェミってなに？　と考えました。そういえばわたしは長い間フェミニストと自称したり、そう呼ばれたりするのがいやだったのです。フェミニズムについての情報は表面的なことしか入ってこず、一般にフェミニストと呼ばれる人々が自分にピンとこなくてその人達がどんなことをいってんのかを総合的に触れる機会もあまりなかった。「女」として扱われない「ブス」「おばさん」が女の権利を主張して煙たがられたりしてる、そんな風に思っていました。しかし、そんな私の人生に、元祖・フェミニスト兼風俗嬢滝波リサが現れたのです（滝波リサについては18頁〜参照。売買春否定に対して力強く反論してる本『売る売らないはワタシが決める』（ポット出版・2000年）でも彼女の原稿が読めます）。

それまで自分のことをフェミニストだと公言する知り合いはいなかったので、始めて接したリアル生フェミニスト（略して生フェミ）です。滝波を見るうちに、自分の感じていた問題、怒りがフェミニズムでゆってることにかなり関係してることがわかってフェミニズムを拒絶する理由、一辺倒な偏見はなくなりました。そして自分がなんとなくフェミニズムを避けてた別の理由もだんだん見えてきた。わたしはずっと、女として扱われることから逃げたかったのです。フェミニズムに近付くことで自分が女であること、そしてその問題に直面しなくてはならなくなる気がして。今では「女であることから逃げる」こと自体も、生きるための私自身のフェミニズム的戦略のひとつだったと思うんすけど。フェミニズムは外にあったんじゃなくて、もう自分の中にあったという発見。

そんな風に認識しただけじゃなく、新しく学んだこともたくさんあった。わたしは今まで、怒りやコンプレックスを、自虐的な思考やあきらめ、シニカルな視点、恋愛とか様々なアイテムでだましだまし解消していたんだけど、滝波はそういった問題に対してちゃんと現実で筋道たてて向き合い、解決に持ってく方法を日々鍛練しており、そのへんもすごい影響された。良質のフェミニズムは女性問題に限らず、人が生きてく中で遭遇する様々な問題とリンクしてくると思う。

効果的な場面ではフェミニストを自称する私ですが、もちろんそんなことをいう必要のない場所がもっと増えるのが一番イイっす。

フェミな感覚が培われるにつれ変わったのは、ひとつは昔大大大スキだったはずのあの小説や映画や漫画がつまんない性の価値観で描かれてるのに気がついて幻滅し、悲しくなること。よいことでは、見るのが恐くて、かつどうしたらよいのかわからない差別問題、社会の仕組みとかがフェミ軸を通してみるとものすごく近くなって、考える糸口が見つかったりすることとか。また、フェミな感覚が深く広がると、一見そうは見えない作品に「フェミ的」な要素を発見することも多くなって、そういうときはすごくうれしい。

最近フェミ的と思ったのは映画『富江』（1999年・日本）。原作マンガとはかなり違った視点で描かれていてそのギャップに驚かされた。伊藤潤二の原作は美少女富江の美しさを文字通りグロテスクに強調したお話でこれまた面白いんだけど、原作があくまで増殖するホラーな富江を外側から描いて主人公・月子も物語を語る狂言回し的な役割であるのに対し、映画の方は富江と月子との関係に焦点が当たってます。「私はあなたで、あなたは私なのよ」というシーン。あんたもわたしと同じように「女」からは逃れられないんだよ！　という宣告にも取れるけど、それゆえに、男に対しては常に怪物として存在してしまう「女性性」の権化・富江の、月子にこそ自分を忘れないでいて欲しいという切なる願いが感じられて泣けました。

　主演女優二人はサイコーですが、脇を固める役者陣、音楽もグー。レンタルビデオ屋でレンタルできます。


【初出・2000年9月】

★『富江』（1999年　配給・大映）
　脚本／監督・及川中
　原作・伊藤潤二（朝日ソノラマ刊）
　キャスト・中村麻美、洞口依子、田口トモロヲ、菅野美穂

〈ストーリー〉

　3年前の交通事故以来、軽い記憶障害と不眠症に悩まされている月子。そんな彼女の部屋の下に奇妙な物体を抱える住人が引っ越してきた。時を同じくして警視庁の原田刑事は、ある奇妙な事件を追っていたところ、その事件現場が月子の部屋であったことをつきとめる。事件の被害者の名前は、川上富江。事件のあとにそのクラスは崩壊、惨殺事件のはずなのに彼女の死体は見つからなかった。そんなある日、月子の彼氏、祐一のアルバイト先に川上富江と名乗る左目の下にホクロのある美しい女性がやってきた。同じ頃、月子の周りで奇怪で恐ろしい事件が続発する。犯人は一体だれ？　月子と富江の関係は？　そして川上富江とは一体何者なのか……。

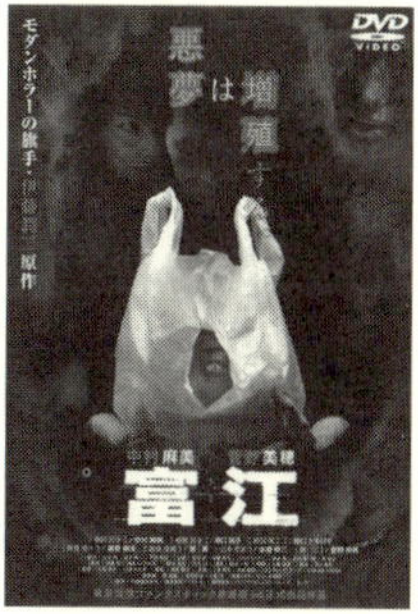

『富江』DVD好評発売中。¥2,940（税込）
発売・販売元　ハピネット・ピクチャーズ

東アジアフェミ事情

＊

竹下美穂

台湾で開催された「東アジア女性フォーラム」［＊1］に参加して、結構若い人がいるんだなぁ、と正直驚いた。というのも、日本では「フェミニスト」としてカムアウトするって結構勇気がいると私は思っている。遙洋子くらいちょっと頭切れるタレントでなくちゃ、蔦森樹のようにジェンダーの枠を越えて悩みつつも堂々と生きるくらいでなくちゃ、はたまた上野千鶴子くらいに論とエスプリで相手の虚を突く鋭さがなくちゃ、と変に意識してしまう。かっこいいフェミニストって結構大変だなあ、と緊張してしまう。『フェミの嫌われ方』（新水社・２０００年）で、北原みのりは日常生活でフェミであることと違和感と苛立ちを語っていた。私はそれにいたく共感したが、フェミであることの緊張感のほうが私にとってはしんどいこともある。これだけ無茶苦茶ヤバンで硬直している社会で絶望も諦めもせず自分の好きなように生きることを公言し実践したいと思うからだろうけど。

７ヵ国／地域から３８０名ほどが参加したこの「フォーラム」は、多様な文化と政治的対立に邪魔されてきた東アジアの女たちの交流と信頼関係作りを目的としている。１９９４年から隔年で開催、テーマ別分科会では参加者の報告や議論がなされる。複雑な境界線を越えて、お互いを知ろうという取り組みだと私は理解した。理解しながらもどこか「いかにも正しい」フェミ活動家ともいうべき参加者——中高年層で教養高く、身なりもちゃんとして、いかにもヘテロセクシュアルで、豊かな感じ——の多さが気になった。特に韓国。キリスト教や儒教の伝統のせいか、誰が一団の中で偉い人かすぐ分かる。みんなが自然にその人を立て、その人が真ん中で、大事なときはその人がしゃべるよう仕組まれていた。モンゴルからは威風堂々としたおばちゃんが多く、ロシア人もいかにも教養高そうなごっつい女性ばかりだった。体格のせいか英語が通じないからか近寄りがたい。もちろん40歳半ばの、カッコイー系フェミもいる。議論させれば譲らないし堂々としてる、けど力抜けててユーモアもある。「正しい」フェミおばさんも強権的ではない。が、ときに威圧的だったり違和感を感じてしまう。この表現し難い感じは、あるいは彼女たちの存在感や自信、政治や社会に変化を起こすんだという「気」のせいかもしれない。社会システムの勢いに押され気味なので自己評価が低い私は、自分では恥ずかしくないと思う主張はあるけど、ダメかもしれないと思っている。この弱気の行き場を探して、私はユースという程若くないくせにフェミの会議では「ユース」で通る(これこそ問題?)のをいいことに「本物」とつるんでユース分科会に参加してしまった。

国際会議だからか、多少英語圏での生活経験をもつ人もいるからか、東アジアの若手フェミ活動家は英語ができる。北京語やロシア語もかなり役立つが、ここでも英語がリンガフランカだ。確かに東アジア地域は文化、歴史、政治の分断や対立のせいで複雑だし共有できないことが多いが、これをユースの「英語」経験と「若者文化」というところで乗り越えちゃった気がする。会議ではみんな収拾がつかないほどよくしゃべった。例えば、日本製トレンディドラマに影響されてかわいい女を演じてしまう自分や女友だちのこと、これまでのフェミおばさんスタイルの「女性運動」を評価しつつそこから抜けられないままに巻き込まれているような気分。社会や環境への危機感とか絶望とかって案外同じだとちょっと嬉しかった。とはいってもまだ出会っただけで何も始まってない。ユース参加者は新しい仲間と、今後を考えるべくこのユースフォーラム継続を誓った。数人とはその後、電子掲示板などオンラインでやりとりするようになった。

80年代、国際女性会議は北南、東西で対立したが、2000年代に東アジア地域で女性の連帯を考えるとき「世代」は軽視できない要素ではないだろうか。経済のグローバリゼーションとITの進展によってアジアはある意味均質化しつつある。日本や米国のTVドラマ、映画、マンガ、CMで植え付けられる西欧的消費文化や民主主義思想。それらを当然の前提に持つ私たちは、その価値や意味を、今の時代を仕切っている世代との感覚のずれを意識しつつ丁寧にみていかなくてはいけない。差異を言いつのれば、宗教、人種、階級、どれもそれぞれ深刻だろう。加えて、経済構造と政治の激変の中、世代をどう切り結んでいくかこそが今後の東アジア的フェミのキーワードだ、といったら言い過ぎだろうか。

【初出・2000年12月】

註

［＊1］東アジア女性フォーラム（EAWF: East Asian Women's Forum）は、東アジアの女性たちが、女性やジェンダーをめぐる地域特有の問題についての経験共有や議論を行うフォーラム。これまで、日本（1994年）、韓国（1996年）、モンゴル（1998年）、台湾（2000年）、香港（2003年）、中国（2006年）で開催。ユースフォーラムは第四回目の台湾で開催されたのが初。次回の第七回東アジア女性フォーラムは、日本での開催が予定されており、現在準備進行中です。

活動のための小ネタ集

ここではFROGの活動歴をご紹介。
似たような活動をやろうとしている人の
参考になれば幸いです。

ＦＲＯＧでは、活動を行う中で困難につきあたった際、コアメンバー三人で話し合い、「次はこういうやり方でいこう」と色々試してきました。この試行錯誤の結果、現在のＦＲＯＧ的活動スタイルができました。ＦＲＯＧの活動スタイルの中には、まわりで同じような活動をしていたグループや諸先輩方から学んだ（マネした）ものも結構あります。フェミ的活動以外でも役立つこと間違いなし!?の、スキル情報をここでいくつか紹介します。ただし、活動の趣旨や目的によってスタイルは変わってきます。これを参考にオリジナルなものを開発してみてください。

コアメンバーの固定

ＦＲＯＧはかなり早い時期に、「メンバーをどんどん増やす」というメンバー制ではなく、コアメンバー三人で固定（後は自由）にしようと決めた。「どうやったらＦＲＯＧに入れる?」と聞かれることもあったが、メンバー制を取ると、どうしても最初からいる人が権威や決定権を持ちがちになる。これは初期メンバーにとっても、過剰な責任が負わされることになるので結構たいへんだ。そこで、後から参加する人も平（ヒラ）な感じで企画立案・運営に参加できるように、コアメンバー固定＋プロジェクト制（次の項）を取ることにした。コアメンバー固定方式には、物事を決定するのが楽という利点もある。たとえばメンバーがあいまいだったり多かったりすると、全員の了解を得るのが困難になる。FROGは基本的にコアメンバー三人で話し合って決めるという決定方式を採用し、三人しかいないので楽ちんだった。

プロジェクト制

さまざまな活動をプロジェクト制にした。何かやりたい人がいたら、その人の声かけで興味がある人が集まり、そのプロジェクトを一から立ち上げる、という方式だ。これだと、初めて参加する人でも、比較的意見が言いやすくなる。個々人の関心の高いことにだけ取り組むことができ、内容も濃くなる。決定権の問題も、そのプロジェクトごとに決めていけばいいので、わかりやすい。この延長で、グループ内グループ活動も一時期活発になった。副乳友の会、土手高問題研究会（土問研）、長ション通信、などの活動は、こうしたスタイルから生まれたものだ。

オナ鍋会

初期に開催したオナ鍋会（年表85頁参照）。「鍋をつつきながらオナニーの話を」という趣旨で数回開催し、いろいろな人の話がじっくり聞けて楽しかった。その後、ミニコミ等でオナ鍋会を知った人から「真似したいけど良いですか?」と聞かれることもあった。もちろん全然OKなのでどんどんやってください。

オリジナルグッズ作成

FROGでは、主張したいことを広めるために、ビラや街頭アピールといった手段ではなく、ポストカード、バッヂ、Tシャツなどを積極的に採用した。メンバー自身が楽しめるし、グッズを見て興味を持ってくれる人もいて宣伝効果も高い。一石何鳥にもなる。遠くに住んでいる知らない人がバッジをつけてたよ、という報告を聞くと、今でもうれしい。

マスコミ対策

年表（89頁）にあるよう、続けさまにマスコミ露出した時期がある。当初、要領が分からなかったため、自分たちの主張とは違うことが書かれたり、断りなく名前を出されたり、といったことがあった。試行錯誤の結果、FROGでは取材を受ける前に次の条件を提示することにした。「印刷前のゲラ（印刷直前の状態の記事）を必ず見せてもらう」「自分たちの言った内容と違う点は直してもらう（直さない場合は掲載不可）」「掲載誌（TVの場合はVTR）を必ずメンバーに送付する」「ギャラ（原稿料や出演料）の支払い」。これらの条件を承諾してもらえない場合は取材を断った。好意的に宣伝してくれる媒体もあるが、おもしろおかしく取り上げるだけの場合もある。メディアは商売で私たちの活動を消費するのだからこちらの条件提示は当然、と考えた。ただし内容によってはギャラなしで引き受けたものもある。

FROGみたいな活動をしたことのない人のための初歩的マニュアル

FROGでは、ミニコミをはじめ色々なものを作成してきましたが、どれも難しい技術は必要ないものばかり。いろいろな人が活動の手段を手に入れることができるよう、ここで簡単な紹介をしておきます。

印刷

チラシ、ポスター、ミニコミ、フリーペーパーを大量印刷するとき、コンビニコピー機よりも安いリソグラフがある。リソグラフは昔のガリ版を自動的に速く印刷する機械で、コピー機よりも質が落ちるけど、かなり綺麗に印刷できる。紙代（質にもよるが1枚1円以下）、マスター（版）代（1枚50円程度）、インク代（1枚0・5円程度）、で大抵の場合、20枚以上印刷するならコピー機よりも安い。リソグラフ機は自治体の女性会館や社会労働センターや文化センターのようなところで実費使用できることが多いので尋ねてみて下さい。

チラシを置かせてもらう／ポスターを貼らせてもらう

学生なら大学掲示板。都市部にはサブカル好きの集う書店、居酒屋、喫茶店、マイナー映画上映館、中小の劇場などに専用コーナーを提供してくれている場合も多い。店員さんに頼めば大抵置かせて貰えます。

カンバッチ製作

手書きやPCで作成した絵をそのままカンバッチにしてくれる工房がある（ネットで検索すれば沢山出てくる）。バッチの大きさや針の種類、個数、工房によって値段は違うけど、一個百～数百円程度。絵はバッチの大きさに合わせる必要あり。印刷した紙か、PCのデータをそのまま送ればOK。

ポストカード製作

大抵の印刷屋さんで作成した絵をそのまま製品化してくれる。枚数や紙質などで値段は違うけど一枚あたり数十円程度。葉書サイズ用紙で自分のプリンタで印刷するのも手軽だけど枚数が多い場合、印刷屋さんの方が安くて綺麗に仕上がります。

Tシャツ

印刷、カラーコピーした画像をアイロンで布に転写できるアイロンプリント用紙が色々なメーカーから発売されている。電器店のPC用品コーナーなどにあります。これを使えばTシャツだけでなく、ハンカチ、バンダナ、手拭い、など様々な布製グッズが作れる。

シール

シール用紙を使ってプリントアウトすれば簡単。安くて大量にできるが、四角以外の形は可愛いけど切り抜くのが大変。

ミニコミやグッズの販売代理店

東京のタコシェや模索舎といったミニコミを扱う書店は学生の多い大都市に少しはあります。こうしたお店は何割かの手数料を取って委託販売してくれる。残念ながら万引き被害もあるので、抜かれないような工夫も必要。FROGではミニコミのセットをチャック付の開封しやすい袋に入れる予定を変え、透明なビニール袋に入れてテープで密封しました。中身のうち、表紙と最後だけは見える方式です。

いかがでしたか？　フェミ的なグループやミニコミがもっと増えると世の中変わるかも!?　ぜひいろいろ試してください。

今月のフェミ的

*

2001 — 2002

オナニーの人として吉本若手芸人のライブに呼ばれる

＊

もりもり☆アイアイ

5年前（1996年）のある晩、私は女友達二人とオナニーの話をした。「どんなオナニーをしてるか」など、話し始めるや大盛り上がり。とにかくとても楽しかった。なのに、よく考えてみたら、オナニーの話をするのが初めてなら、女の人が話すのを聞いたのも初めて。三人で話すだけでも、それぞれ違ってたり、逆に思わぬことが共通していたり、驚くこともたくさんで、私たちはもっとたくさんの人（特に女の人）とオナニーの話をしてみたい、とFROG（Feminism and Radical Onanie Group）というグループをはじめた。そうして始まったFROGは、これまでに、オナニーの話をしながら鍋を食べるオナ鍋会をしたり、ミニコミ（『けもの道』、7号まで発行）やポストカード、バッヂなどを作ったりしている。

そんなFROGが、1998年頃からマスメディアに取り上げられだした。最近は取材申し込みもほとんどないが、そのころはピークで、担当記者に紹介されたとか、数珠つなぎに、どんどん取材が来るようになった。FROGをはじめた三人が全員、京都大学生だったため、よりキャッチーなものをもとめるマスコミの皆さんは、FROGというより、「京大オナニーサークル」の私たちに取材を申し込んできた。私たちは、FROGを京大のサークルとして運営していく気はなかったが、「京大オナニーサークルでもまあいいか」と、取材に基本的には応じてきた。「女のオナニー話を聞いてみたかった私たちみたいな人に記事が届けばいいな」と思ったことと、マスコミが女の性やオナニーといったものを使ってどんな言説をうみだしていくか、その現場を知りたかったからだ。たいていの記者の人は、「これがプロか?」と疑うほどいい加減だったが、中には読者ウケは保ちつつ、きちんと取材したことを記事にしていく人もいて、マスコミでもできるんだということがわかった。

そうこうして、いくつかの雑誌に取り上げられたころ、吉本若手芸人出演の深夜バラエティ番組「吉本ばかな」(日本テレビ系)から連絡があった。テレビへの興味とお笑い芸人という人たちへの関心などから、私たちは出演を快諾した。オンエアは、15分弱と短かったが、お客さんの入ったスタジオで、芸人さんたちと一時間くらい話をした。トークはとても楽しく、そしておもしろく、私たちは感激のあまりサインをもらうミーハーぶりだった。

この時の楽しさもあり、2000年11月、「サバンナ」という吉本の若手芸人のトークイベント「デス」にゲストで出た。しかし、今回はあまり楽しくなかった。トークの時間が10分と短かったので、そのせいもあるだろうが、加えて、芸人のお客の楽しませ方の違いのせいもある。前回は、わざわざオナニーのことでグループをつくったりしてるのは変、まあ変なんやけど、異常というんじゃなくて、可笑しい。そして、可笑しいことにただのっかるのじゃなく、オナニーサークルというインパクトを前に止まってしまわないで、自分ら芸人はもっとおもろいことして笑わせよう、という感じだった。「マンコ」と私たちが言ったら、「お客さん気にしない。マンコ! マンコ!」[*1]と客席が引いてしまわないように芸人さんたちが言うようなこともあった。しかし、今回は、わざわざオナニーのことでグループを作ったりしてるのは異常、異常な人らを見世物にして、「ええっー」と驚いて、楽しもう、という感じだった。「オナニー」と言えば「ええっー」、「彼女がいる」と言えば、「ええっー」。彼氏がいるか質問してくるから、答えたのに。聞いておいて、「ええっー」って言われてもよぉ。

私にとっての日常が驚かれ、笑われる。今回の笑いは、とても底が浅い笑いに思え、私にはおもしろくなかった。ただ、これはサバンナの芸風のせいとばかりは言えない。というのは、客席は、ほとんどが中高校生の女子で盛り上がり、「オナニー」や「レズビアン」といった話を私ができなかった頃（中学高校時代）と同じ空気があふれていたからだ。異常な人はまさか自分の隣にはいないだろうと平気で笑える、あの雰囲気。大多数のお客さんを楽しませるのが芸人ならたしかにサバンナのやり方は正しいのだろう。しかし、もし私が客席にいたら、私は、笑いも、楽しめもできなかっただろうと思う。

　ＦＲＯＧ以前の私にとって、性はエロだったが、笑いではなかった。けど、私にとって笑いは大切なことなので、他のことでもそうなように、性に笑いをくっつけたかった。下ネタという言葉があるとおり、性と笑いはたやすく結び付くと思われ、笑いの一類型とされている。しかし、たやすく結び付きすぎるあまり、それは定型的な笑いにとどまりがちだ。ホモネタやＳＭネタにすれば、たやすくオチがつくれる。でもそれは、ゆるぎない常識があってこそ。底の浅い笑いにとどまることなく、下ネタを超えて、性で笑いを創造していくこと。ＦＲＯＧでやってきたそのことが、私にとってのエンパワーメントだ。

【初出・2001年2月】

註

ＦＲＯＧ特製ポストカードに書いてもらったシャンプーハットさんのサイン

【＊1】オンエア（1999年2月9日放送）を観たら、テロップは「マ○コ」となっており、音声も部分的に消されていた。「吉本ばかな」の時は、芸人さんたち（特に「シャンプーハット」の小出水さん）とも下ネタ超えの笑いをつくっていけそうだと感じたのに、番組側の自主規制なのだろうか。残念である。

音楽とおんなのこ
ドラヒップ交換日記

＊

ドラヒップ

ドラヒップ（以下ヒ）：こんにちは、読者のみなさん！　私達は〈ドラヒップ〉のむうとんとしじょうです。音楽を聴いたり人前でしたりして、もうずいぶん永いことです。その中で、むむ！　と困ることも色々ありました。そして今も……。さて！　今回はそんな私達が「音楽とおんなのこ」というテーマで話しあってみたいと思います。

しじょう（以下し）：音楽をしていて人前で演奏すると、色んな言葉をかけられますが、どっきりする言葉にぶつかることがあるよね！

むうとん（以下む）：色々ハッとすることや、ハッとさせられることがあるよ！

①「むさい男のバンドばっかりで、華がほしいからイベントに出てくれへん？」

②「**あんたらのギャルバン、全然ひけとらへんな！　かっこええやん。**」

＊色んなバンドをして感じてきたことでドラヒップに限ったことではありません。みなさん！　私達は一体この言葉のどこにひっかかってどきっとしたと思いますか？

読者：

ヒ：ほほう！　なるほど！　では、私達の思うところを……。

し：えと、これは〝ギャルバン〟（おんなのこだけのバンドの通称）をしている人がみな思うこと、というわけではなく、あくまで私達が個人的に感じたことなんですが。①！「華」って何でしょうね。

む：やー、なんか。それって音楽性関係ないやん！　って思うのですよね。私達のやっていることを「いいよ！」って思ったうえでの言葉だったとしてもね。私達の音楽をいいと思うまでに、その人の中でどういう気持ちがあったのかを考えこんでしまうなあ。

し：私らのを音楽と思っているのなら尚更「華」って何やねんってなるね。そう、〝ギャルバン〟は音楽をやりながら常に音楽の価値判断外にいる感じするね。

む：そうそう！　それって②にもからんでくると思う。「全然ひけをとらない」って何に対して？　と思うし。ギャルバンは基本的にひけをとった状態にいるのが普通だと思ってんのかなあ、この人は……てなる。

し：そもそも「ひけをとる」「とらない」の「ひけ」の基準ってなあに？　これは私達も深くはまった沼ですね。「ひけをとらない」＝「男並み」？　って思った時期もありましたよう。でも、それって、変！

む：何かにひっかかって、あれ？　と思っている気持ちをむりやり整理してしまっていた時期やね、それ。「かわいい」とか「おもしろい」という言葉を本当にむやみに拒否していたなあ。「かっこいい！」って言われたかった。別に「かっこいい」という言葉になにがあるわけでもないのにね。

し：いや、ほんと。同時に「かわいい」「おもしろい」ということ自体は全然悪いことではないのに、頭から否定しようとしていたよ。どの言葉も行動も要は発する人の考え方で、色々かわってゆくんだよねえ。自分の言葉や行動にどういう意味づけをしてきたか、どうこれからしていくか……むむ。楽しくて大変！

ヒ：んね！

む：初めはさ、「ほめられた！　やったあ！　うっれし〜い！」て思ってた言葉が、何かむずむずと気になりだしたよね。次は何がひっかかるのか何となく解り始めて、でも相手は誉めているつもりで声をかけてくれているし……　あからさまにけなされているんじゃないだけに、どう反応していいやら戸惑ったりしてね。

し：そう！　相手の悪気のなさがすごくのしかかってくるんよ。ああ、ここで今、私が違和感を唱えたら、誉めているつもりのこの人はなんて思うのだろう……と思い悩み、結局曖昧な返事で受け流す私。言わないで「ああ……」と思うのと「言ってしまった……」という思いと、どちらが自分に楽かを考えて前者を選んでいる現状です。悪気のなさは本当にやっかいね★

む：まったくもってね☆でもなんか、昔黙ってしまっていたのとは自分の中で少し違うよ。

し：うん、そうね。

む：自分の違和感が何だったのかが少しずつ、前みたいに無理矢理じゃなく整理できてきて楽になった感じと、わかってきたからこそ、何か言うことによって生まれる新しいリスクから逃げてる感で気持ちが分離したみたいな時期かなあ、今は。で、分離かつむっちゃ混ざり合ってる複雑〜な感じ。

し：そっすよ！　何か違和感があるから、それを伝えて気まずい感じになるといったリスクを背負わなければいけない！　という義務はなにもなくってさ。でも、言わない事でつらくなる事も色々あって、場合によっては自分を護る（？）ために相手に何かを言う事は必要になるかも。その時におっかなびっくりでなく自分の気持ちを伝えれるようになりたいねえ。今はそのための準備期間、と楽観的ですよう。日々分裂気味ですが。

ヒ：ああこれからも変わってゆくし、どこへ行くかわからない。けど、自分の行動ひとつひとつの責任からは逃げないで行きたいねえ。動いて行こう☆★☆

【初出・2001年6月】

＊ドラヒップweb　http://www.dorahip.com/index.html

女子の陰部をどうするつもり!?

「つくる」会教科書記述批判をめぐるフェミ的困難

＊

水島希

「つくる会」教科書に反対するみなさん！　ここんとこ、全国各地にファックスを送り続けてたいへんでしたよね。下都賀がひっくり返り、和歌山、杉並、宝塚と不採択になってほっとした［＊1］のもつかの間、東京都の養護学校の一部で採択決定との情報が。え～っっ!?　石原都知事問題っス。

ご存じの通り、扶桑社版教科書をめぐる問題は、ほんとに多面的で、記述内容の問題に留まらず、教育委員会への圧力とか、独占禁止法違反疑惑、靖国神社などなど幅広い展開を見せてます。様々な面から、私も「つくる会」教科書が学校で使用されることに反対なわけですが、批判の中には、フェミ的にどーも納得できないモノもあります。そこで、今回は記述内容批判をめぐるフェミ的困難について考えてみたいと思います。

さっそく問題の部分。

「アメノウズメの命が、乳房をかき出して踊り、腰の衣のひもを陰部までおしさげたものだから、八百万の神はどっと大笑い。」（市販本：歴史62頁）

この記述、どうですか？　批判するとして、どう批判するのがベスト？

いままで見た&聞いた批判としては、下品、品性下劣、性差別的、中学生男子はぜったいこの記述で女子をからかう→いじめ発生、この記述を授業で朗読しようものなら女子生徒は恥ずかしい思いをすること間違いなし、男子生徒や男教員は不本意にもセクハラをすることになる、などです（神話を多用してる、史実と神話のハーモニーでもって神話を事実であるかのように見せている、などの批判はここでは取り上げず、アメノウズメ部分のみに絞ります）。

うーん。現状としては十分あり得る状況かも。でもなんかひっかかります。やっぱ、まんこは表現としても実際にも隠すべきモノなんでしょうか？

そこで批判チェック！　まず、エロい&下品だから子どもの手に渡すべきではないという批判は、青少年健全育成とか有害図書という言葉を連想させます。もし、教えられる性が「きれいな」性・生殖としての性・一対一のパートナーシップってことに絞られるとすると（現状のままですが）、結局、家父長制や戸籍制度の構造内に留まることになり、ひいては天皇制にも加担することになると思います。実際に「淫猥だから削除」という努力はいまに始まったことではなく、古事記から日本書紀へと書き写される過程で、アメノウズメ部分が権力側によって削除されてる異本があるらしいっす。［＊2］

ちなみにこの記述の直前には「気性の荒いスサノオは神殿に糞をする」という記述があります。男子は元気よくあばれてフンをする……「男子」アイデンティティを持つ人はひっかからないのかな。品性下劣ってことなら糞もぜひ入れてほしい。なぜ「性」のにおいのする陰部だけとりあげるのか、気になります。

それから、セクハラ問題について。基本的には、セクハラかどうかは被害者個人がまずきめることです。例えば私が「セクハラになるから女性の前ではこの部分は読めない」と

イラスト・キグ／「つくる会」教科書の不採択求め団（やぎ）・フリーペーパー『ヤギノコト』より

言われたら、勝手に決めるなよぅ！　と思うこと必須。さらに、こういう発言によって「これを恥ずかしいと思わないのはおかしい」という圧力がかかるなら、それは性暴力を隠蔽することになっても、なくす方向には結びつきません。一方で、「陰部」の話をいきなりされることに抵抗がある人が多い現状で、この記述が不快感を与える可能性は高いかも、という危惧はあります。どういう表現がいいかは、中学生１０００人に聞きました！というリサーチなんかが必要なんじゃないかと思います。

こういう批判を読んでいると、陰部はいいやん！　と言いたくなります。むしろ、陰部とか言うな！　まんこと言おう（中学生保健体育の教科書にあわせるとしたらバギナ？）でしょうか。

しかし、ここで重要なのは「陰部」ではなく「笑い」の質への批判です。八百万の神がどっと笑ったのは、岩屋にこもってしまったアマテラスに「外はなんか楽しそうやなあ」と思わせるため。とりあえず、ここでは笑う必要があったわけです。また、神憑かったアメノウズメの舞に誘発された笑いは、見下げるような侮蔑的笑いではなく、日常から非日常へ、もしくは、権力を無化するものとしての笑い、という意味合いが大きいハズ。いままでこのコーナーでも何度かでてきましたが、おもろいとか単純に楽しいといった「笑い」を性的な言説の中に持ち込むことは、性にまつわる力関係を激変させる力があります。こんなシリアスな状況で笑いをおこすことのできるアメノウズメはすごいやん！　ということで、私としてはアメノウズメにはがんばってほしい。

逆に気になるのは、アマテラスがスサノオを「おそれて」天の岩屋にこもった、という記述。アマテラス姐さんは恐れてなんかねぇっす！　スサノオが糞をしても「ゲロかもしれない」ってかばってあげてたのに、スサノオが馬の皮を放りこんで機織りしてた人が陰部（ほと）をついて死んでしまったから、怒り心頭、もしくは絶望の末に岩屋にこもったんじゃないですか。この辺の記述、「つくる会」教科書の他の部分と同じで、話を歪曲化して「女性」を下げ、「男性」を強く賢く中心的に描くやり方がよくでてますよね。むかつく！

ということで、「まんこ出してもいいやん！」から始まったこの批判、フェミ的には、まんこはまんこでいいとして、与謝野晶子をめぐる記述などと同じように、［＊3］アメノウズメの舞もアマテラスも矮小化されてる！という結論で終わります。「つくる会」教科書をどのように批判していくか。すでに出てる批判を丁寧に見直し、目標を再設定したうえで、4年後［＊4］に臨みたいっすね。

【初出・2001年8月】

註

［＊1］栃木県下都賀地区では、教科書採択委員会によって「つくる会」教科書採択方針がいったん決定されたが、各教育委員会でその方針は否決され、再度審議された結果、最終的には「つくる会」教科書不採択となった。和歌山、杉並、宝塚は「つくる会」採択見込みの強かった地区の三つ。

［＊2］鶴見俊輔『アメノウズメ伝』（平凡社・1991年）78頁―、ここには戦時中の教科書と天皇制についての記述もあります。

［＊3］与謝野晶子の「きみ死にたまうことなかれ」の歌は、反戦とかじゃなく、出兵した弟が死んで家系が絶えることを心配した歌、と書かれている（市販本：歴史237頁）。

［＊4］中学校の教科書は、国による検定のあった翌年にどの教科書を使用するかの採択が行われ、採択の翌年から4年間使用される。原稿を書いてから4年後の2005年には、扶桑社の歴史教科書は採択校76校（公立66、私立10）となり、2001年採択時のシェア0・039％（521冊）の約10倍シェア0・4％台（約5千冊）となった（産経新聞まとめ）。2006年になってからは「新しい歴史教科書をつくる会」内部の政治的対立による会長、副会長、理事などの辞任・就任が相次いでおり、今後の動きが注目される。次の教科書採択は2009年。

米テロ問題★緊急座談会

＊

田中課長＋滝波リサ＋新黒カネコ＋もりもり☆アイアイ（司会）

※この座談会は2001年9月末に行われたものです。

もりもり☆アイアイ（以下、も）：テロ事件からすでに3週間くらいたってますけど、どうですか、みなさん。

カネコ（以下、カ）：もー、世界がアメリカ王国みてーになっとるよ！　わかりやすい金のかかった映画、しかも豊かな国の人が喜ぶタイプのやつみたい。アメリカ政府がとる行動は、私にとっては、「あ～これは難しい判断だけど、こう出たのかー！」というのじゃなく、はいダメー、次もダメー、という典型的なダメ対応に見える。なのになんで報道してる人や視聴者は疑問を呈さないのかなあ。

滝波（以下、滝）：ほんとに、展開がハリウッド映画みたいだったな。ブッシュは映画より映画っぽい「大統領」的セリフを言うし。過剰に演出されとる感じ。

カ：実は事件の翌々日USJ［＊1］に行ってしまったんだけど（一堂「え～っ！」）人いっぱいだったのよ。ターミネーターのアトラクションで、テロリストが貿易センタービルのようなものを狙ってる！　というズバリな映像があるんだけど、すげー人が並んでて50分待ち。自粛してるかと思ったけどばっちりやってた。ついでにジュラシックパークは90分待ち。

も：フロリダのディズニーワールドとかも閉鎖だったのにね。

田中（以下、田）：あれだけすごい衝撃があったにもかかわらず、テレビを見ないときは忘れてるのが我ながらすごい。そんな自分にあせる。

カ：いま私、バーで働いてるんだけど、客はもう株のことしか気にしとらんのよ。事件直後はまだテロについて話してたけどね、結局みんな口をそろえて「日本が危ない」ばっかり。店長は常に「はい、めんどくさいことになりましたねー」だし、遅刻したら店長に「会議？」と聞かれ、「運動もほどほどにしてよ～」。運動もいいけど、お店のことも考えてよ～」と言われるし。やっぱりみんな現実味にかけとる気がする。私は私で報復戦争賛成な客に、アメリカが悪いんだ！　っていう持論を熱弁しすぎて店の人におこられたりしてるんだけど。

滝：毎日状況が変わっていくからついていくだけで大変だよな。ニュースはどんどん入ってくるし、なんかしなきゃ！　と思うんだけど、日本やアメリカの暴走をとめる効果的な方法がわからん。

田：最近（2001年9月末現在）ではメディアでもアメリカや日本や他の場所での反対運動が紹介されるようになったけど、それまでは「テロを許さない＝報復攻撃は当然」というムード一色。そこは直結してない、と思っても、話したり表現したりする場がなくって、それが恐かった。実際に何ができるか、もどかしい感じ。

カ：オノ・ヨーコが新聞に全面広告だしたって聞いたよ。しかも『イマジン』の歌詞の一部だけ。かっこいー！

も：さすが、著作権もってる人は違う。有効につかってますな。

田：価値観のゆさぶりとかもあったなあ。日常の生活で作られてる自分の判断じゃあ、多様な文化や立場、国家スケールの話についていけなくて。考える練習や、情報収集が必要。あと、アメリカ社会は人権意識が高いと勝手に思い込んでて、その自分のアメリカイメージにも驚き、かつぜんぜん違うと実感した。

滝：事件直後からのブッシュの物言いが、たちの悪いプライド持った「男」っぽいと思わんかった？　経験的にああいう感じの「男子」は威信回復のためになんでもやるから、まじヤベーと思った。その後の情勢展開も、クラス内の男子の地位争いみたいで気持ち悪い。日本は人気者チームに入れてほしい子みたいな行動してる。そんなのに付き合わされるのって、せつなくむかつく。

田：国家間の力関係が逆にわかり過ぎるぐらいわかっておかしい。人間て技術が進んでも精神的に幼いんやなーと愕然とする（SF好き）。

滝：あと「日本の旗を見せて」って軍事協力を要請する（図版）の、すげーやらしいよな。「オレの味噌汁作ってくれ」ってプロポーズするのに似てる。具体的に言わんから断りにくいし、「何したらいいんですか」という問いには「それは日本が考えることだ」……ってなんだそりゃ!!

カ：テロが起こった時ざまあみやがれという感情はあったたって友だちに言ったら「死んだ人の家族とかいるのになんでそんなこと言うんだ」といわれて何もいえなくなった。

も：最近では「アメリカがテロを受ける背景」ってのがワイドショーで特集されるくらいになってるけど、最初はそんなじゃなかったもんね。

滝：「死者がたくさんでてて被害受けてるから責めるのはよくない」っていう意見の根拠に、性暴力被害者への対応の原則「被害者に罪があると責めるべきではない（セカンド・レイプになるから）」を持ってきてる人がおった。

田：でも、アメリカ政府は「被害者」じゃないやん。実際に被害を受ける層は別やろ？ブッシュや政府とは明らかに利害が対立してるんじゃないの？

滝：そうやんなあ。自爆テロに巻き込まれるか、ブッシュに撃墜されるかやもん。報復攻撃したらアメリカ内でテロの危険性が増すってアメリカ政府も認めてるのに、まだ報復攻撃やろうとしてるしな。まるでテロがおこったら、非難する材料が増えて、逆に有利になると思ってるかのようなな。

2001年の同時多発テロの後、京都界隈ではイラク戦争や日本の軍事協力に反対する個人ビラや小グループのビラが数多く作られた。これはその２例（制作者の許可を得て掲載）。
STOP WAR☆百万遍ネット
　URL；http://www.geocities.com/hyakumanben2001/
には他にも多くのビラが集められている。

田：そうそう。ほんとに「犠牲者」のことを考えているとはやっぱ思えん。日本政府の対応もそうだけど、「国民」と「国家」の関係ってわからんくなるよ。自分の存在と、国民であるということがつながらない。自分の立場表明するのに、どこかで決めなきゃいけないんだけど。

も：結局、指導者層と被害を受ける層がずれてるんだよね。「国家」をひとつの人格として世界の力関係が語られがちで、直感的にわかりやすいけど、それに乗ると間違うわな。

カ：あと、タリバーンの性差別や歌舞禁止というやり方を考えると、テロへの報復は反対だけど、タリバーンを完全にかばいきれないなにかがある。

滝：それ難しいよな。売春婦なんか絞首刑やで。しかも公開。

カ：バーの客は、核が日本におちてくるかどうかを異常に気にしてるんだけど、落ちてきたらイヤだよな〜つながりでイスラム世界について知ろうとしている。あー関係ねーや、というのではなく、いちおう知ろうとしているからよかったなとは思う。

も：自分たちやまわりの人も含め、いままで「活動」にあんまし関わってなかった人が、どうやって動いていけるかって、難しいけど重要ですよね。じゃあ、さっそくこれから作戦会議ってことで……（以下、会議に突入）。

【初出・2001年10月】

註

［＊1］ＵＳＪ　ユニバーサル・スタジオ・ジャパン。２００１年大阪に突如出現したハリウッド映画会社資本の大型テーマパーク。

男女別トイレは、ジェンダー道場

＊

もりもり☆アイアイ

「私は公共トイレに入る時、本当に困るんです。怒鳴られたこともあるんですよ。」（リム・デズリさんの発言［＊1］より）

そうなんですよね。ほんと、トイレは大変です。女か男かよくわからない外見の者には。

私は生まれてから今まで、男子トイレを使ったことはほとんどありません。「女子トイレと男子トイレ、どちらかに入るならどっちに入る？」と尋ねられれば、「じゃ、女子トイレに」と答えます。しかしここ数年は女子トイレに入ることもめっきり少なくなりました。

だって、ほんとに面倒なんですもの、女子トイレ。なんかやけにジロジロと見られたり、「ちょっと、待ちなさい」とトイレに入るところを呼び止められたり、ちっとも落ち着いて行けやしません。普通に街を歩いていても、男か女かどっちか噂されたり、賭けをされたり、いろいろ面倒（おもしろくもありますが）なことがありますが、トイレはそんなどころじゃない。

女子トイレは、女子でないものは入っちゃいけない、いちゃいけない所ということになっているので、女子じゃない疑いを感じさせるものには厳しい視線が待っています。普段街で噂にされたりする時にある笑いがない。皆、真剣です。女子トイレはジェンダー道場。

しかし、ただおしっこをしたり、うんこをしたり、生理用品を変えたりしたいだけの我が身に、道場に入る気構えが常に要求されるというのは疲れます。そして実際不快な思いをさせられることも多いので、私は女子トイレになるべく入らないようにしています。

では、外出先でトイレに行きたくなったら、どうするか？　まず、車椅子で入れるトイレを探します。これは男女別になっていないことが多いので、ほんと助かります。そして、私の場合はこのトイレでなくてもトイレをすることができるっちゅやできるので、このトイレを物理的に必要としている人の邪魔にならないように早急に。

でも、見つからなかったり、せっかく探しあてたところが男女別になっていることもあります。そんな時はコンビニです。コンビニのトイレはスペースの都合から郊外の大きいところでもなければ、たいていは非男女別です。店員に声をかけなくてはならなかったりしますが、それでも重宝します。感謝の気持ちから要りもしないのに買い物をしてしまい、まんまと店の罠にはまることもありますが、それもしょうがありますまい。

そして、これもダメなら、金はかかるが、次は喫茶店です。ここもスペースの都合からトイレはひとつ、非男女別なことが多い。希望を託して喫茶店へ。

そうこうして女子トイレに入ることを避けておりますが、止むをえず入らなくてはならない時もある。うんこも、そして特におしっこには我慢に限界があります。血だって漏れる。女子トイレだからといってやめとくわ、とはいかないことがあるのです。

そんな時、私は女子トイレに入るや否や咳払いを続けます。そして素早くそのまま個室へ。私は容姿は男と思われることもちょくちょくあるのですが、声だと女と思われることがほとんどなのです。誰も戸籍が女なのかとか、染色体がXXなのか、まんこがついてるのかとか、なんてことまでチェックしては来ません（すごいアヤシイと思われたら、こんなことまでチェックされるかもしれないけど、私はそこまで言われたことはない）。とにかく個室に入るまで、そして個室を出てトイレを出るまでの間不審に思われないようにする。そこで咳払い。芝居じみてると自分でも思うようなクサイ演技での咳払いですが、仕方ありません。とにかく、咳払いをしている時には何も言われたことがないし、ジッと見られ続けたこともない。経験上、これが最善策なのです。
こんなトイレ修行を続けていると、もういいやん、男とか女とかそんなん、と思い、ジロジロ見んといてよ、とやっぱり思う。でも、男女別になっているからこその女子トイレの安心感っていうのは多くの女の人にとっては重要なんだろうなと思っています。だから、女子トイレに行くのは自分にとって面倒だ、不快だという理由からだけでなく、女子トイレという道場に挑みに行くのはやめておこう、と今日も私は非男女別トイレを探して、街をさまようのです。

【初出・2001年12月】

註

［＊1］北原恵「アイデンティティ・クライシス革命を起こす映像表現——リム・デズリ監督とクィアの視点」アート・アクティヴィズム36『インパクション』127号（2001年）。

どう出る、金八!?

メディアと性同一性障害《ＧＩＤ》

＊

麻姑仙女

ハーイ、皆さんおげん… アラ? ここ『アニース』〔＊1〕じゃないわね。じゃあ自己紹介からしなくちゃ。

はじめまして。元オトコ、「性転換」してレズビアンフェミニストを名乗る麻姑仙女です。昨今は性同一性障害（gender identity disorder＝ＧＩＤ）なんてコトバも知ってる人が増えたけど、まだまだよく理解されてるとは言いがたいと思うのよね。１９９８年に埼玉医科大学で性別再判定手術（sex reassignment surgery＝ＳＲＳ、俗に言う性転換手術）が行われて以来、マスコミでもよく取り上げられてるけど、皆さんの「性転換者」イメージってどうなのかしら? 少しは変化があったのかしらね。

ここでご存知ないかたにご説明すると、ＧＩＤにも程度があって、ＳＲＳをしなければ耐えられないほど自分の生得的な性（特に性器の存在）に苦痛を感じる人をトランスセクシュアル（ＴＳ）、男装・女装といった外見上の工夫で苦痛の大部分を取り除ける人をトランスヴェスタイト（ＴＶ）、その中間のグラデーションをトランスジェンダー（ＴＧ）と呼びます。〔＊2〕 ♀→♂の移行をＦｔＭ、逆をＭｔＦと言い、元の性別を知られず自分の望みの性別で通せることを「パス」、逆に元の性別を見抜かれるのを「リード」と言います。ちなみにＧＩＤと同性愛は次元の違う話。前者は、恋愛や性行為の相手がどうという話ではないので、例えばＦｔＭの人の中には女性と恋愛する人も男性を好きになる人もいるわけ。

２００２年1月8日放映の「ロンドンハーツ」（テレ朝系・火曜21時）では、男装の「おなべ」ばかり集め、「ねるとん」形式で「普通の」女性と「見合い」をやってたの。「告白タイム」でカップル成立した後、「本当の告白」でカムアウトさせる（そして案の定フラレる）って企画。若いころの女姿の写真と実名も出してたけど、一挙手一投足を「女っぽい」とか「男らしくない」とか、いちいち司会者がうるさいのよ。

マスコミでのＧＩＤの扱い方って、実は難しくって、過去の性別を誰にも知られないよう努力しながら新しい性別で社会生活を営んでいる人たちにとっては、マスコミでの露出なんて論外なわけ。でも、置かれている状況の深刻さは、人権という観点から世間の人たちに知ってもらいたいのよね。

最近の注目は２００１年10月に始まった「三年B組・金八先生Ⅵ」。［＊3］「女の体であること」に悩む鶴本直（上戸彩）を、坂本金八（武田鉄矢）がどう受け止めるか、ですね。脚本の小山内美江子は、日本のＦｔＭの草分け的な存在である虎井まさ衛［＊4］に直接取材し、ずいぶん資料も読んで、当事者にも納得できるようなキャラ設定と物語を作っています。そのことは番組公式ホームページの掲示板（**http://www.tbs.co.jp/kinpachi/series6/bbs_s6_top.html**）に書き込まれた当事者たちの声からもわかります。今や情報化の進展でＧＩＤ当事者のネットワーキングも進み、全国の当事者が毎週ドラマの行く末を注視しています。

第11話では、直が母・成美（りりィ）の歌うディナーパーティーで、別居中の父・祐介（藤岡弘）と久しぶりに会ったんだけど、「直は男になります」と宣言したのも束の間、父から「お前は女なんだ」と胸の膨らみを掴まれて、思わず「イヤーッ!!」と叫んだ自分の声がイヤでイヤでたまらず自宅に走って帰り、口から喉にフォークを突き刺す、というエピソード。前述の掲示板では、「やりすぎ」「怖かった」「子どもも見てるんだから」などの否定的な書き込みが多い中、ＧＩＤ当事者の書き込みは肯定的なものばかり。というのも埼玉医大症例第一号の人のエピソードとして、当事者の間では有名なんです。他の人でも、自分の性器に刃物で切りつけた体験談や、自殺未遂の話なんかもよく聞く。生まれ持った性に対する嫌悪や憎悪がそれほど深いのだということを視聴者に知ってもらうには、私は「やりすぎ」と思いません。

さて、2002年1月23日朝日新聞夕刊（京滋3版）社会面に「170センチ・スポーツ刈り　男装う／「出会い系」詐欺未遂」の見出し。本文も冒頭「男性になりすまし、携帯電話の……」とあるから、一瞬ギクッだわよ。だって「男になりすまし」てるのが「詐欺」みたいに読めるんだもの。実際には「出会い系サイトで知り合った女性から、現金をだまし取ろうとした」のが「容疑」なんだけど、パッと見た印象では何だか私らTSの「パス」が「詐欺」みたい。「トラック運転手や塗装工などの仕事を転々とした」とか、被害者は計四回直接会っても「女性とは気づかなかった」とか、読めば読むほど「GIDでは？」と思えるんだけど、新聞にはそんなこと微塵も書いてないし、関西ローカルのワイドショーでも言わない。ちょっと不愉快。

何が不愉快かって、外見も声も「男」で通用して、仕事もしてて、って、つまり社会的にはかなり「男」じゃん。容疑者だからって戸籍上の性を暴露する必要がどこにあるのよ。ふつう事件報道だと、容疑者は名前が判明するまで「男は」「女は」って性別だけで呼ばれちゃう。他の属性をすべて捨象された、性別だけの存在よ、わかる？　だいたいね、どうしてこの社会はこんなにも男か女かってことにウルサいのかね。雇用機会均等法が改正されて一方の性別のみの募集は原則禁止されたけど、相変わらずJIS規格の履歴書には性別欄がある。人は必ず女か男として雇われるんだね。で、移行後の性別を書いたら「詐欺」？　私文書偽造？　SRSの後ならいいのかしら？　手術費用（保険ききません）ためるには何して働いたらいいの？

旧厚生省の指導で日本精神神経学会が策定したGIDの診断・治療基準によると、SRSを受けるには希望する性別で一定期間社会生活をしてみて支障がないことを確認することになってるんだけど、SRSが正当な治療の一つと認められた現在も、戸籍の性別変更は依然としてできないんだから、支障がないわけないじゃない！　私の友人なんか、男のときの国保と、女のときの社保、二つの保険証を持ってて、保険料を二重払いしてたりする。おかしな話よね。

そんなこんなで今日も履歴書の性別欄をにらみつつ途方に暮れる麻姑仙女でした、しおしお。誰か仕事紹介して～!!　『アニース』の連載もよろしくね。では皆さん、ご機嫌よう。

【初出・2002年3月】

★その後のこの話

この文章が掲載された2002年3月には、GIDを公表した競艇選手が女子から男子へと選手登録の変更を認められた。続いて同年6月には「女装での出勤」を理由に懲戒解雇された人が地位保全を訴え、東京地裁がその主張を認めて解雇無効を決定した。また同年9月には東京都小金井市議会で「性同一性障害者の性別の記載については、性別の書き換えのできるみちを開くこと」との一文が入った意見書が可決された。そして翌2003年4月には東京都世田谷区議選で、無所属の新人がGIDを公表して戸籍と異なる性別で立候補し、当選を果たした。

こうした流れの中、国会では2003年7月、「性同一性障害者性別取扱特例法」が成立した（翌年7月施行）。同法は、①複数の医師によるGIDの診断、②20歳以上、③現に婚姻していない、④現に子がない、⑤元々または手術などの処置により生殖機能がない、⑥望む性に外見的に似た性器を持つ、という条件で戸籍の性別変更を認めるが、これらの要件には多くの問題が残る。

GID当事者の中には、外見の性が変わっても経済的な事情や内臓疾患などで手術を受けられない人がいるが、そうした人は外見と異なる戸籍により社会生活の支障を感じても、要件⑤⑥を満たさないため同法の適用外となる。また、外科手術を要さず精神療法やホルモン療法だけで自己の生得的な性に対する違和感と折り合いがつく人もいるが、もし戸籍の性別変更による円滑な社会生活を求めて本来不要な手術を受けるなら本末転倒だ。また要件④は、親の性別変更が子の福祉に反するため設けられたと言われるが、実際には子が親のGIDと性別移行を受容している場合があり、そうした場合、親の戸籍の性別変更を認めないのはむしろ子の福祉に反することもある。何とか生得的な性の枠内で生きようと結婚し子をもった人にはむごい要件だ。同法附則に明記された施行後3年（2007年7月）の見直しに期待したい。

註

[＊1] レズビアンとバイセクシュアルのための雑誌（テラ出版 Tel 03-3350-1778 / Fax 03-3350-2165）。詳細は http://www.terra-publications.co.jp。現在はバックナンバーの購入のみ。

[＊2] 現在では、自称由来のTGを、疾患名に由来するTSとTVの間に位置付けず、生得的な性の枠からはみ出して生きる人の総称とするのが主流である。

[＊3] TBS系。詳細はhttp://www.tbs.co.jp/kinpachi/series6/。DVDとVHSのレンタル・セルあり。

[＊4] 「FTM日本」主宰。『男の戸籍をください』（毎日新聞社・2003年）、『語り継ぐトランスジェンダー史』（十月舎・2003年）などの著書がある。

生理用品をめぐる旅
キーパーの再発見

＊

早野あづさ（モラル・ドーナツ）

初月経から15年目にして、生理用品には使い捨てナプキンとタンポン以外の選択肢があることを知った。布ナプキンとの出会いである。布ナプキンとは、肌触りのよいネル地やタオル地でできた、洗って繰り返し使う経血吸収パッドだ。ネットショップなどで販売されているものはオーガニックコットン製など素材にこだわったものが多く、〝エコな賢い消費者〟心をくすぐる要素が満載である。もちろん使いやすい大きさやかたち、好みの色柄のものを自作することもできる。それまで折にふれて不便さや不快感、使い捨てに対する罪悪感などを感じながらも、〝しかたのないこと〟として、ごく自然に（あきらめでもわりきりでもなく）何もしてこなかった自分に気づいたことが、一番の衝撃だった。

しかし、布ナプキンには重大なコストがあった。そう、洗濯である。経血で汚れた布を、数日とはいえ毎日洗濯するのは私にとってかなり面倒だ。そのうえ、布ナプキンを推進する人たちのなかには、神秘性や崇高性に基づく女性性をよりどころにしようとする姿勢、あるいは、女なら洗濯なんて大したコストではないはず、といったジェンダーバイアスがあることに違和感を抱きはじめていた。

そんなある日、**The Keeper**（キーパー）を発見した。キーパーを取り扱う**Health Keeper Inc.**（カナダ）のホームページは、**Never Buy Tampons or Pads Again!**（タンポンやナプキンはもう買わない！）という強烈なメッセージではじまり、夢のような利点を信頼の置け

キーパー。なぜか小花模様（いろんなバリエーションあり）の巾着に入ってくる。

るデータとともに列挙する簡潔な文面（ちょっと誉めすぎか）が続く。このアクティビスト的な姿勢こそ、求めていたものに違いないと興奮した。キーパーは、天然ゴム製で、直径4センチ、深さ5センチほどのおちょこの底に、2・5センチほどの軸がついたかたち（写真）で、膣口付近に挿入して経血をキャッチする仕組みの生理用品である。定期的に取り出して溜まった経血を捨てて、また挿入する。私にとっては全く革新的だったが、登場は古く、1940年代だそうである。その利点を私なりに要約すると、次の二点となる。

1、これ一個で一〇年！
2、モレない、ズレない、カブレない！

1は、使い捨てないことで、経済的に優れている（一個32ドル＝400円弱／年）、環境負荷が抑えられることを意味する。2は、キーパーの構造と膣の伸縮性により密閉状態が保たれるためモレやズレの心配がなく、行動にいかなる制約も受けないこと、安全性の高い天然ゴム製のため、主な使い捨て製品で問題となっている吸収剤や残留薬品の毒性がなく、健康管理上優れていることを意味する。

さっそく知人達に共同購入を呼びかけて、カナダから取り寄せて使用してみた。予想通り使いこなすまでには練習と慣れが必要だったが、月経の三サイクル目からは順調で、今では手放せないアイテムとなった。とにかくモレない。経血が流れ出してくるときの〝どろっ〟とした感覚や、陰部のべたべたとも無縁。そして、多い日でも三〜四回（使い捨て用品取り替え回数の半分）と、意外に取り出さなくて済む。夜も外出も余裕である（うっかりして経血をいっぱいいっぱい溜めてしまうとモレるが）。私以外では、使いこなせているのが二名、どうしても合わないのが二名いる。Health Keeper Inc. も、快適に使えるようになるにはコツがいることを認めていて、いろいろなアドバイスをHPにのせている。そして、最低月経二サイクルはトライしてほしい、それでもダメなら返品OKとしているが、概ね購入者は満足しているらしい。これは、欧米ではタンポンが普及しているので膣挿入型の生理用品に抵抗がないことや、タンポン使用者が最悪の場合急死するなどの急性毒性ショック症候群（TSS）が問題になったりして、既存の生理用品の材質や製造工程に不安を感じて代替品を求める人が増えているなど、日本とは異なる背景があるせいかもしれない。また、サイズは経膣出産経験者用と未経験者用（やや小さめ）の二種あるものの、やはり欧米人の膣構造は日本人のものとは違うのかもしれず、使用を断念した知人二名は〝大きくて合わない〟と報告している。使いこなせたときの利点の大きさを考えると、使用者の声を反映して、さらに使いやすく、サイズバリエーションのある製品に育っていき、多くの人がその良さを実感できるとよいと思う。

今や私は、他の生活用品と同じように、生理用品についても、不便なら不便だといったり、自分にあうものを探すことができることを知った。他の日常生活で遭遇する困難と同じように、生理についても、痛いものは痛いということや、快適に過ごしたいという欲求は、何ら恥じるべきものでも隠すべきものでもないことを知った。そしてなぜ、15年間もそのことを知らなかったのかを考えている。知ること、考えることは力を得ることだと思う。私にとって、小さいかもしれないが確実な力を得る旅は、まだまだ続きそうである。

【初出・2002年5月】

キーパー　その後のこの話…………水島希

「キーパー」のように小型のコップ状のものを膣に入れて月経血を受け止めるタイプの生理用品は、月経カップ（menstrual cup）と総称されています。その歴史は1930年代アメリカにさかのぼるようですが、初期に特許申請された形から現在までほとんど変化はないようです。ただし、材質は別。キーパーは天然ゴムを使っていますが、最近では医療用シリコン製のものが続々登場しています。堅くて使いにくいと思っていた人（私）も、シリコン製ならうまく装着できるかも？

キーパー社が製造しているムーンカップ（同名の製品は他社も製造している）は、キーパーと同形でシリコン素材。値段はどちらも35ドルです。イギリスの別の会社がつくっているシリコン製月経カップも「ムーンカップ」という名称で、キーパーに比べ、なぜか胴体部分に段がたくさんついています。

同じくシリコンでつくられているのが「ディーバカップ」。カナダ製で、キーパーより多少「柄」が短い感じです。こちらは一つ32・5米ドル。価格競争の結果でしょうか。

これらとは別に、使い捨て用の月経カップも開発されています。インステッド社のソフトカップ（Instead, Softcup、アメリカ）です。使い捨てということでカップは浅め。ポリエチレン製です。タンポンより長時間、つけかえなしで使用できます。

ムーンカップ（by The Keeper Inc.）。白黒写真ではキーパーとの違いがわかりにくいがシリコン製です。。

近年では、女性向け通販サイト「フェリシモ」で布ナプキンが売られるようになるなど、生理用品は全体的にリユースに向かいつつあるようです。あなたはナプキン派？　タンポン派？　それともカップ派？　という時代が来るのでしょうか？　いずれにしても、近所のドラッグストアでも月経カップを買えるようになってほしいものです。

＊参考ＵＲＬ：　ディーバカップ（カナダ）http://www.divacup.com/
ムーンカップ（イギリス）http://www.mooncup.co.uk/
インステッド・ソフトカップ（アメリカ）http://www.softcup.com/

男女共同参画ブラ
Tシャツと下着と乳首とわたし

＊

水島希 featuring with もりもり☆アイアイ

夏だ。薄着だ。Tシャツの季節。デモでもデートでも着れるTシャツのよさは語っても語りつくせませんが、今回のテーマはTシャツの下、どうする？ 問題です。

私はTシャツはジャストサイズ（ピチピチでもブカブカでもない）が好きで、外出時は、Tシャツの下にはブラ着用が多いです。Tシャツの時は、コンパクトにまとまった乳＋あんまし細くないウエスト＋しっかりした腰、というのが好きなので、乳を持ちあげ気味だが強調はしない体型補正機能ブラが好みです。胸を大きく見せたい場合にはそれ用のブラがあるし、大き過ぎるので強調したくないという場合にはそういうデザインを選ぶこともできます。Tシャツ用のブラも売り出されています。これは、ブラのラインが透けにくく、「つけてないみたい」というコンセプト。ある程度ボリュームのある形の整った胸が作れます。逆に、外部に見えること前提のブラ（水着みたいな柄やデザインのもの）もあります。最近は、ＰＪ（Peach John）といった下着の通販が充実しており、選択の幅も広がってます。

女子が集団で朗らかにブラを焼いていた60年代、ブラは「束縛＝女性性の押し付け」または「身体的な束縛・抑圧＝女という存在への束縛・抑圧」の象徴でした（たぶん）。この時代の人たちが、どういう目的でブラをしていたのかはわかりませんが、写真等で見る限り、この頃のブラはかなりでかいし変なデザインな上、選択肢も少なそう。この家父長制ブラと比べると、機能性を追求し、目的や趣味（つける側の）に応じた選択肢が増えている点で、現在のブラは男女共同参画ブラと言えるでしょう。

このようなブラを受容することで、性差別や抑圧を構造的に変革しないまま、性差別構造が維持されていくのではないか。つまり、男女共同参画ブラは家父長制ブラがより巧妙に形を変え、女子の乳を束縛する仕組みとして機能しているのではないか、という問題があります。たしかに、ブラをする理由が「男子のため」ではなく「自己イメージの向上→セルフ・エスティーム（自尊心）のアップ」である場合、そのイメージ自体が家父長制的なものに裏打ちされたものであれば性差別構造からは抜けだせなくなる可能性があります。また、家父長制ブラから男女共同参画ブラへ移行しただけでは、結局ブラというところからは抜けだせていないという点で家父長制ブラの呪いは解けていません。しかし、これだけ目的別ブラの選択肢が増えると「あーもう、胸のサイズや形なんてどうとでもできるんやなあ」という気分でいっぱいになり、ブラがマストアイテムでなくなる効果は見逃せません。つまりブラの選択肢が増えたことにより、ノーブラを含めたブラ以外の選択肢も見えてきた、という状況だと考えられます。

ブラをつけずにTシャツを着た場合に、透けたり浮き出たりして見える乳首問題があります。私の知り合いには、ノーブラの時はバンドエイドやガムテープをはるなどして、乳首の存在感をなくすために努力している人もけっこういます。私自身も、ヘテ（ヘテロ・セクシュアル）の男子がいる（かもしれない）場所では、

見ていいのか悪いのかと、居心地が悪く思われることがある

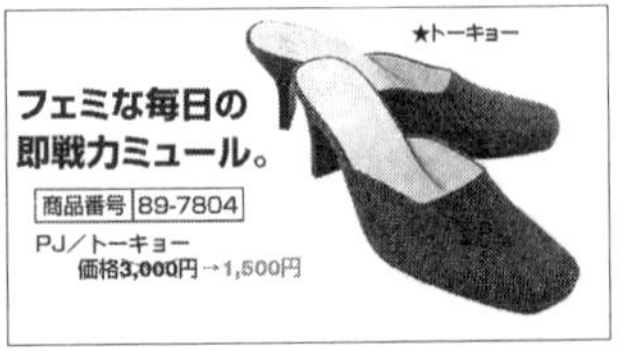

フェミはPJカタログにも浸透!?…フェミニンかフェミ的か（両方か）。ブラ以外も男女共同参画です。PJのカタログ最新号。
HP　http://www.peachjohn.co.jp

二、「誘ってるのか」などと勘違いなことを言われることがあるため、うすいTシャツ着用の際には、乳首の気配を見せない事が多いです。エロ本でも、乳輪が見えるか見えないかで、雑誌のエロ度合いが変わってきます。私の知り合いのヘテ男子が「乳首はおっぱいの本体だ」と言ったように、乳輪はエロの記号として流通しています。そんな中、家父長制的ブラを排除し、男女共同参画ブラを否定したとしても、結局性暴力にさらされがちな状況にある訳だし、男女共同参画ブラのマイナス点にも留意しつつ、それらを超えた選択肢を追求していく姿勢が重要なのではないでしょうか。

ブラ以外の選択肢（具体例）……………もりもり☆アイアイ

私は去年までノーブラでした。ブラジャー苦手なんです。なんちゅうか、女って感じで。男の体になりたいわけではないのですが、女の下着を着けるのがイヤ。下着といえばパンツもありますが、女の下着がイヤなのに気付いたのは、数年前はじめてトランクスを履いてみた時でした。すごくしっくりきました。このしっくり感で女の下着に違和感ありだったのを実感。以来パンツは全てトランクス。オーガニック綿のナプキンもナップボタンをとりつけてトランクスにて使用しております。話は戻ってブラジャーです。ブラジャーにはパンツほどの必然性もなし、レースがほにゃほにゃついてるのもイヤだし（レースがないということでスポーツブラも試してみたが、まだましという程度でやはり違和感あり）で、去年まではほとんど着けずのノーブラ三昧でした。

ただ、ノーブラは楽といえど、白など薄い色の服を着たり、多くの人との距離が異常に近づいたり（満員電車など）する時にやっぱ気をつかう。つかわなくてよい気だなと思いつつも、やっぱり気をつかう。乳を解放しているようで、かえって気にして解放できず。またノーブラでたるっと着るTシャツのシルエットもあまり好きでなく、何かよいものはないかと探していたら、ありましたよ、よいものが。ナベシャツが。これはオナベの人が着るシャツということで、ナベシャツなのですが、乳首どころか乳本体まで目立たなくし、オッパイでなく胸板風に見せてくれます。体の前真ん中でファスナーを下げて着る、ベスト風。ナベシャツ自体はかっこよくないが、ナベシャツの上にTシャツを着た時のシルエットはよし。ピッタリしてるのでちょっと暑いけど、オンナ風のシルエットがイヤなオッパイ持ちの方やたまには感じを変えてみたいと思ってるオッパイ持ちの方にオススメです。

※男女共同参画ブラとはまた違う、新たな選択肢であるナベシャツは……いくつか製造業者があるようだが、一枚4千円～5千円程度。オーダーメイド。私が作ったところ（元祖ナベシャツ洋服のオカ：http://www.nabeshatu-yofukuoka.com/index.html）は、直々に採寸してもらって注文するのも、自分で採寸して通信販売で頼むのもOK。採寸してもらいに行くと「寄せて上げて乳強調とか言うやろ？　だからうちは寄せて下げて乳抑え、それでファスナーは上から下に下げるようにしてある」だとか、プロジェクトXがごとき製作秘話も伺えナイス。洋服のオカ以外にも同種のシャツを作っているところがあります。詳しく知りたい方は、「ナベシャツ」や「トランスシャツ」でインターネットを検索してみて下さい。

【初出・2002年7月】

少林サッカー
極★私的・フェミの底上げ

＊

田中課長

肩書きなどなにもない私ですが、どー考えても自分はフェミニストなので、「課長さんって、フェミニスト?・」って聞かれたときには、「うん」と答えてます。わざわざ名乗らなくても話をしていると、そのように思われることも多いです。その私のフェミっぽさが普通に受け入れられるときと、ものすごく拒絶されるときがあります。皆さん、そんなことってありませんか？　やっぱ悲しいです。フェミニズムというと、女の立場にたって、社会を批判するもん、というイメージがあって、実際、そんな風に思われる言動もしてるんすが、自分としてはそんなとこ目指してるワケじゃねっす。フェミニズム的なものは、自分を守るための鎧や武器になりますが、私にとってのフェミはそれを振りかざしての否定を目的にしてるわけじゃないです。そうそうそうなんすよ、ある人々は私が好きでフェミニストをやってると思いがちだが違うっス！　フェミニストになりたいんじゃなくて、今まで生きてきた経験そのもの、そして、目の当たりにしている現状こそが、私をオートマティックにフェミニストたらしめてるのに！　ほんとフルボリュームでいいたくなります。実際もうやめたいんスフェミニスト。モテないし。ってやめられるもんならとっくにやめとるわ！　ていうか、やめたら絶望しか残らん。

そして『少林サッカー』を見ました。とってもステキな映画で、もう大好き！　まず、オープニングでかなりやられました。全体を通して連打されるネタ、漫画表現を映像化したみたいなオーバーアクション、瞳の中で炎が燃え、主人公は突然歌いだし、通行人はバナナの皮で転ぶ。そういった細かいこともすんごい好きなんだけど、この映画の中には、フェミ的なものもがんがんにつまってる、とも思いました。

チームを結成してはじめての試合、相手チームは悪役レスラーの十倍ひどい反則技を繰り出して、味方はボコボコに。一番上の兄「鉄の頭」は、病院にいくことと引き換えに、パンツを被らされて助けてくれと哀願することを強いられる。屈辱に顔をゆがめて、それを受け入れる長兄と、やりきれなくて下を向く兄弟たち。監督もここまでのチームか、と諦め、背をむける。と、その時、空一面の雲を押し流す風が吹き、兄弟たちに少林拳の魂が静かに戻ってくる……。

この相手チームにボコにされる場面、かなりひどくて見ててつらいんですが、どん底に落ちて、それをきっかけに彼らの力が戻ってくる、というのは、とても納得できて、心を動かされます。

「自分に誇りを持て、己の信じる場所に戻れ」

この映画のテーマのひとつにはこのことがあると思うのですが、それは誰かに安易に与えられるものではなく、そこに帰るためには、何かを越えないと、たどり着かないっていうこともすごいゆってる。

私にとって生きてゆくのに大事なこと、それは、社会や日常の生活によって規定されてる枷を、体や、心を使って得たものによってはずしていく、ということです。私は長い間、自分は抑圧される側であるように感じてきました。でもそれは偏った見方で、力関係はいろいろな関係性のいろいろなレベルで発生することがだんだん見えるようになりました。私は、簡単に人を否定してしまいます。でもできることなら、抑圧する側になるのをすごく避けたい。フェミニズムを実現すること、それは自ずと女という領域の問題だけではなくなります。力を持ったもののいうことに従順に従うように調整されるような状況は、いろいろな人間関係、集団の、いろいろなレベルで起きてます。そして抑圧されたものが、より弱いものの力を奪っていく負の連鎖が世の中には死ぬほど起こってます。それを止めたい。どこかで断ち切りたい。自分も含め、多くの人がそれに加担するのをなんとかやめさせたい。願いです。

私は、フェミニズムによって、慢性的な抑圧状態から抜け出し、そう思うようになりました。とても重要な杖です。

そして、少林サッカーを見ても、そのことを心に思いはせるのです。

私とあなたの志とはすんごい繋がれる、と思えるときでも、わたしのフェミニズム的なことが作用して、否定しあう構図になりがちなことがあります。その場合は相手が男子のことが多いのですが、その類似性を証明することはいつもなぜだかむつかしくて、できなくて、悲ちい。

そんな時に私は、その人と少林サッカーを見ることにします。私のフェミは、これっす、とゆって、「軽功」のポーズをとったら、その人は、「鉄頭功」のポーズをとってくれるだろうか？

あと、この映画は女優の使い方が変。中国で人気絶頂のアイドルをあばた面、ハゲヅラで登場させたり、口ひげをつけさせてたり。そんなジェンダースクランブル的なとこも好きです。

でもひとつ注意！　この映画は、私のフェミの根底と繋がるけど、フェミ的に気にならない映画、というわけじゃあないです。例えば、吹き出物が出ててブスという設定だった女子が、最後はやっぱり美人になって登場したりとか。そーゆーとこはあんま期待しないで見てね。

★『少林サッカー』（香港・2001年　配給・クロックワークス／ギャガヒューマックス）
監督／脚本／主演　チャウ・シンチー　共同監督／リー・リクチー

〈ストーリー〉

厳しい修行の末、少林拳をマスターしたにもかかわらず、ヒドい暮らしをしていた五人の兄弟。雇い主に奴隷のように扱われたり、失業してたり、分刻みに忙しい生活を送っていたり。

兄弟の中で唯一少林拳への情熱を失っていない主人公シンが、足を悪くして落ちぶれこれまたツライ生活を送っていた元エースサッカー選手のファンと、兄弟たちをさそってサッカーチームを結成。少林拳の技を使って、炎は燃え上がるわ、空を飛ぶわ、ゴールポストはまがるわのミラクルプレーでサッカートーナメントを勝ち進んでゆく！

決勝でファンを陥れた張本人ハンのチームと対戦。無敵と思われた少林サッカーが、ドーピング&反則の極悪プレーで追い詰められていく。味方は次々と病院送りになり、もう棄権するしかない……。危うし少林寺チーム！

【初出・2002年9月】

プチフェミGIRLSジャンル誕生!?

＊

キグ

ここ最近、映画界での「女子もの」の多さには目をみはるものがある。

それは、格闘もの、サスペンスものと同じようにレンタルビデオ屋にガールズものとして並びつつある。もうフェミ好き！　女子好き！　セックス好き！　にはたまらないコーナーだ。

私の定義する女子ものとはこうである。

一、必ず女子が主人公であり、その主人公を取り巻く友人たちも女子である事

二、女子以外の人々も頑張って良いわき役を演じている事

三、ステレオタイプにあるような女子の恋愛イメージをある程度壊している事

先日友人と『過激GIRLS☆GIRLS』（2001年・ドイツ　原題：Mädchen Mädchen　公開時邦題：GIRLS☆GIRLS）という映画を見たが、これも上記の条件をみたすものだった。内容は、セックスについて思い悩む女子高校生の成長をコミカルに描いているもので、自転車のサドルでイク姿には共感を覚えるほどだった。うそ、共感したいからこそ、近日中にサドルを取り替える予定である。さらに、この映画の面白い所は、彼女達の家族が性に対してとってもオープン？　なのである。例えば、友人の母親からの誕生日プレゼントは「セックスで手に入れるオーガズムの素晴らしさ！」が熱く語られているビデオレターだったりする（もちろん本人出演！）。私は、夢のようなそんな世界を目の当たりにして涙しました。楽しすぎると……。

観賞後の熱い思いに酔いしれる中、最近女子ものの映画はどんどん増えているのに、それは全て洋画である事が友人と問題となった。

「日本にはまだ俺達女子の胸をくすぐるような映画は見当たらない。何故だ！　何故なんじゃ！」（もし誰か知っていたら是非教えて下さい）。

最近日本ではマンガの映画化や、高校生ものなどが目立つが、どれもこれも男子ガンバリものが多い気がする。そしてそこに出てくる女子の九割はヘテロ恋愛の対象でしか描かれていない。しかも、それらはかなりわい曲されているように思う。

邦画で比較的好きなものを友人とあげてみたら「ナウシカ」や「千と千尋」など宮崎駿監督の作品があがった。しかし、どうも主人公の女子の描きかたに違和感を覚える。それは、女子が頑張っているのだが、その裏に男のロマンみたいなものが感じられ、そのロマンは「女はこうあるべき」みたいな脅迫観念のようにも思えとっても恐ろしい。しかもなんかエロイ。宮崎駿さんのロリータ熱が私には異様に伝わってきて、ある意味この方も自分の性的嗜好を解放しているのだなぁと少し納得したりしている。

日本にはまだ女子の性の確立や、世間一般の常識に捕われずに生きていく女子の姿が認められていないのだろうか？

そこで私のお薦めする映画を少し紹介したいと思いまーす。たくさんある内のお二つ。

★『ガールズルール女の子１００％主義』（１９９９年・アメリカ）

女子高校生の何人かが秘密グループを作って自分たちの夢を語り合う中、様々な問題が……。

最後にキルスティン・ダンストの演じる学内選挙運動のカッコよさといいったら、もう！　震えなしでは見られません！　私もついついクリケットの棒を持ってテレビの前で抵抗したほど。

★『ゴーゴーチアーズ』（1999年・アメリカ）

これはヘテロ以外のセクシャリティーを持つ人たちが強制収容所に入れられ、男は男らしく女は女らしくするための訓練を受けるという話。ゲイの書き方が少しステレオタイプに思うが、心あたたまる作品に仕上がっております。

これらの作品を見た後といったら、もうなに、あれ、あれですよあれ！　体中の血や細胞の一つ一つがエンパワーされて、もう明日にでも総理大臣になって、いっちょここらへんで日本とやらを変えてみるか〜！　みたいな大きな気分になります。その気分が明日の俺のフェミニズムを変えていくのです。より良いものにぃ〜！

というわけで、今後の邦画市場に女子のガンバリと発展そして少しの切なさの中に笑い！　そんな映画が上映される事を期待しとります。

世の中の監督よ！　女子の心を奮い立たせておくんなましっ!!　よろしくチェキラ！

★その後のこの話

以上は2002年の状況でしたが、5年後の今……。

国内のビデオ屋さんの棚に並ぶ女子ものジャンルの多さには目を見張るものがある。10年前、いや5年前にもなかった光景である。女子ジャンルの代表的なものとしては『スウィングガールズ』（2004年）、『リンダリンダリンダ』（2005年）、『下妻物語』（2004年）、『フラガール』（2006年）などがあげられるだろう。これらは女子ものであると同時に、映画的にも高く評価されている。いや、女子ものであるが故に評価が高いのかしら？

さて、これらの映画に共通していえることは、様々な専門分野に邁進して行く女子の姿が力強く、かつコミカルに書かれている事である。映画の彼女たちは、今までの映画に出てくるような「女」＝マドンナ的役割をひょいっと高く飛び越し、その向こうにある人としての面白さや社会からの自立を求めているように思う。

　時に行儀悪く、時にブサイクに、時に優しく、「女」の枠を乗り越えた女子。そして、絵に書いたようにやってくる困難を一緒に乗り越えた最愛の人は恋人？

　いえ、そんなのもう古いんです。やっぱり横にいた最愛の友も女子女子女子。

　男子を排除する気は無いのですが、邦画には、女子というマイノリティーを共有して、かつ結果的には性という枠を超えて皆でエンパワメントされるというジャンルが非常に少なかったように思います。しかしその逆はあったような……（恨）。現在、これらの映画がジャンルになりつつあるという事は、現実に女子たちの人生において選択肢が増えて来たという事である。ロックバンド、ジャズ、ヤンキー、デザイナー。「女」として生きる事よりも「私」として生きる事を選択し始めた女子。それらの積み重ねこそが、私が大好きなプチフェミ的生き方である。好きなものを好き、やりたい事をやりたいと言えなかった時代の女子たちが、一致団結して社会に反旗を翻してから40年。ようやく映画の世界で自由に生きる女子の姿がお目見えするようになった。女子もの映画を見終わった後の素晴らしい爽快感や、天にも昇る高揚感を満喫するとともに、時代を切り開いて下さった先輩方に感謝の気持ちを送りたい。

　最後に、今後もこれらのジャンルが廃れる事無く、更に縦にも横にもどんどん広がりを見せていってくれる事に期待したいです。みんな！　女子ものジャンルを堪能しに今すぐ劇場へ！　さぁ！

【初出・2002年11月】

FROG年表 1996—2006

ここではFROGの活動歴をご紹介。
フェミ的活動をやろうとしている人たち・
既にやっている人たちの参考になれば嬉しいです。

96年3月　FROG始まる

薫薫、水島希、もりもり☆アイアイの3人で話をしていたところ、いつの間にか話題はオナニーに。自分のオナニーの話をしたり、他の人のオナニーの話を聞いたりするのがこんなに面白いのに、どうして今まで話をしたことがなかったのか。そういえば女から女のオナニー話を聞いたことがない。三人で話すだけでも、「えっ、そうなん！」と驚かされること数多し。もっとたくさんの女と話してみたら、もっとおもしろいんじゃないのか。ぜひ、話してみたい。そのための場を作ろうと、話がトントン拍子に進み、「あくまで実践　獣フェミニスト集団　FROG（**Feminism and Radical Onanie Group**）、略称FROG」が始まった。

96年4月12日『けもの道』創刊準備号発行

A5サイズ、4ページで創刊準備号を発行。「オナニーとセックスと愛と性欲」、「オナニーとは何を指すのか」、マンガ『いぬ』（柏木ハルコ）の紹介文章を掲載。4コママンガ「ゲバゲバオナッコ」の連載始まる。毎月一回発行とうたう。

96年4月26日　鍋を食べながらオナニーの話をする「オナ鍋会」開催

オナ鍋会予告チラシを集中的に女子にまくも、顔見知りでない女子の参加者は一人だけだった。しかし、友人であってもオナニーや身体の話をさほどしたことのなかった女子、またあまり親しくないが顔見知りだった人々や知り合いの知り合いといった人々とも、「オナ鍋会」や以後の企画で親交が深まった。初回の「オナ鍋会」では、オナニーとの出会い（テレビで見て。友達に聞いて。自力で発見等）など、オナニー話を4時間にわたりする。鍋はキムチ鍋。参加者16名（女8名、男8名）。

96年5月28日『けもの道』創刊号発行

オナ鍋会で女オナ率がほんとに低いかもしれないと思った水島希が、女オナ率が男オナ率より低い理由を検討する「女オナ率は本当は高いか？」など、計5つの文章を掲載。

96年6月1日　女子のみの「ギャルフロッグ（ギャルフロ）」開催

参加者8名。前回のオナ鍋会で男がいると話づらいという意見が複数出たため、参加者を女子のみとして開催。「エロおやじイメージの消費」なるキーワードが出た。また、性欲を性器接触なくマンガを読むことで解消しているという話が出て、オナニーとは何か、どこまでオナニーなのか等の問題が提起された。

96年6月17日『けもの道』2号発行

オナニーを想像のみ、想像と身体刺激、身体刺激のみに分け、オナニーが身体に悪いかを冷静に分析する薫薫の「ゲロゲ

ロ探偵団その2」やギャルフロッグの報告など計7つの文章を掲載。夏休み付録「ゲバゲバオナッコ」の特製カレンダー付。

96年9月29日「エメロンズ」を楽しむ会開催

　ストリップコンビのエメロンズ「シャンプー&リンスショー　脱ぎゃいいとおもってるだろ96」を楽しんだ後、それをネタにして話す会を京都鴨川の河原で開く。夜遅くまで盛り上がる。参加者19名。

96年10月1日「エメロンズ」を囲む会開催

　「シャンプー&リンスショー」での漫オストリップ、あえぎ声リレー、お茶の間ストリップ等の感想を話したり、エメロンズを始めた動機を聞いたりした。「チンコ挿入だけでイクか」、「むだ毛」について、等エメロンズのショー以外の話題にも話が広がった。参加者20名（エメロンズの二人含む）。

96年11月3日「女子オナニーの神話と実態」を発表（於　関西性欲研究会）

　メディア（マンガ、AV）で表現されている女子オナニーが「あお向け型」「ケツ出し型」といった一定の型に偏るのに比べ、実際の女子オナニーが多様であることを明らかにする「女子オナニーの神話と実態」を初めて発表。関西性欲研究会の皆様に、貴重なご意見をいろいろと頂戴する。

96年11月11日『けもの道』3号（『いぬ』特集号）発行

　ヤングサンデーの連載が終った『いぬ』（柏木ハルコ）を特集。『いぬ』の主人公高木清美の全オナニーを、もりもり☆アイアイが索引化。FROG内のグループ、土手高問題研究会（略称　土問研〈どもんけん〉）、副乳友の会の発足のお知らせを掲載。読者投稿も充実し、計12の文章を掲載。

96年12月4日「女子オナニーの神話と実態」ダイジェスト講演と懇談鍋会を開催

　関西性欲研究会で発表した「女子オナニーの神話と実態」をダイジェストで発表。この際、出た意見、感想等を踏まえ、「女子オナニーの神話と実態」をさらに充実させ、『女性学年報』に97年1月投稿するも、残念ながら掲載されず。

97年春頃　全33種のバッチを作成

　ゲバゲバオナッコの他、土手高問題研究会、副乳友の会、「オナニーに王道なし」、「ひとつ抜いとくかァ」などのバッチを作成。一人でほぼ全種を購入する人がいたり、大変好評。以後、新しいデザインがさらに加わり、約50種を作成。

おなじころ、ゲバゲバオナッコのポストカード作成
　計1000枚印刷。好評なるも、枚数が多すぎたか、まだ在庫あり。イラストはぱやぱやさん。

97年5月11日　「感覚」をテーマにミーティング開催
　記録無く内容不明。参加者18名。

97年5月15日　『けもの道』4号発行
　6ヶ月ぶりに『けもの道』発行。エロとの出会いなど、過去を振り返る長文の原稿を多く掲載。また「バイブに品質保証を！」を訴えつつ、儚く動作しなくなった電動大人のおもちゃの供養を提案する「バイブ供養」がもりもり☆アイアイにより提案される。計12の文章を掲載。

97年5月17・18日　レズビアン＆ゲイ映画祭（於 京大西部講堂）にブース出店
　バイブ供養を企画するも、ほとんどバイブ集まらず。企画倒れ。レズビアン＆ゲイ映画祭には以後も何度か出店。

97年6月23日「女子オナニーの神話と実態」発表（於　京都大学の文化人類学系のゼミ）

97年7月2日　出張FROGミーティング開催（於　精華大学）
　ゼミ生二名とFROGが主催し、「オナニーの話は話しにくいと思われているようだが、実際はどうか」をテーマにトーク。

97年11月7日　イベント「Pink Night」にブース出店（於　大阪天保山ベイサイドジェニー）
　バッチばかり売れ『けもの道』売れず。

このころ、もりもり☆アイアイのエッセー「オナニーおよびまんこへの旅」が『breath』（自費出版）に掲載される。

このころ、『にんげんかいほう　27年の孤独』（ミニコミ）の座談会に水島、薫薫参加。

このころ、『新しい天使』（ミニコミ）に「まんこを得る旅」（FROG理論班長山智香子・水島希）が載る。

このころ、『にんげんかいほう　27年の孤独』9号に、FROG活動 紹介が載る。

97年〜98年　WOMAN98（Women's Diary Project）に制作協力。

98年春頃　ポストカードを新たに3種作成
　「女子オナニーの神話と実態」にて判明したメディアで描かれる女子オナニーの典型をオナッコにて表現したポストカードや、猿のメスオナニー画像と解説を掲載した「さるおな」そして「バイブ供養実行委」の3枚を作成。極めて出しにくいポストカードとよく言われることとなる。印刷部数不明。いまだ在庫あり。
次頁参照。解説つき。

98年5月10日　BuBuさんと嶋田美子さ

んの「メイド・イン・オキュパイド・ジャパン」（於　オオタファインアーツ）のお茶会にもりもり☆アイアイがゲスト出演
　もりもり☆アイアイはひげ妊婦ショーをした後、ＦＲＯＧ活動について少し話す。

98年5月15日　『けもの道』5号（トイレ特集号）発行
　男女別トイレを廃止し総個室化を提案するもりもり☆アイアイの原稿など、トイレが男女別になっていることで、男か女かがはっきりしない人は困っている事をテーマにした3つの文章を掲載。また、生理用品表面化の会（仮称）から、生理用品表面化、コンドーム表面化、排尿音表面化にかんする具体的な提案が出される。『けもの道』で初めて、別冊を作成。一冊まるごと、お気に入りのトイレ、インパクトのあるトイレを訊くアンケートの回答を掲載する。

98年5月21日　『けもの道』6号（からだのひみつ号）発行
　スペキュラム（鏡を使うことで子宮口の様子が見える）体験談や土手高問題研究会の研究発表報告（土手の高さをいかに計測するか）など、10

←【さるおな】
猿の女子オナニーの連続写真。雌猿Ａが自分の娘Ｂの背中・肩周辺に乗って腰を前後に数回動かし、「尻」を擦り付けている行為を偶然激写！「尻」とは、人間と違って、尿道口、膣口と肛門も含まれる一帯だ。娘Ｂは自分の赤ん坊Ｃを抱いて乳を吸わせ、毛づくろいしてやっている。そんな穏やかな状況でイキナリ娘Ｂの上に乗ってオナるＡ。怒りもしないで子供Ｃと共に重みに耐える娘Ｂ。
　ところで、ある学者の本に「猿の（猿も）雄オナはあると思えるが、雌オナがあるかどうかよく分からない」という内容の一節があった。でも、この行為を見るとその意見にはちょっと同意できない。ちなみに、このＡ以外の雌達が「尻」を他人（他猿）の身体や物体に擦り付ける場面にもいくつか遭遇したことをお伝えしておこう。ただし全部の雌猿がするかどうかは分からないけど。ところでどの雌オナ雄オナも「死ぬまで続く」ことは無かった、念のため。（FROG 1998）

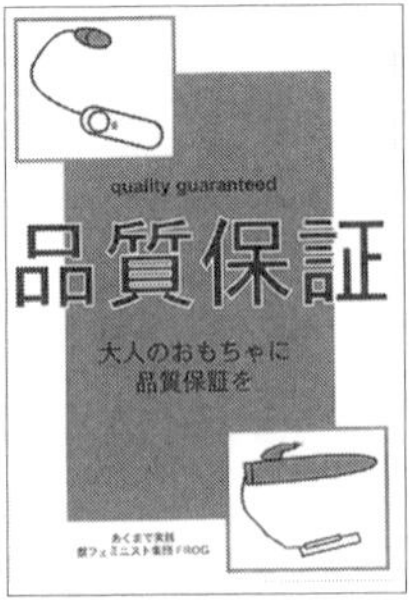

【バイブ供養実行委】↑
大人のおもちゃに品質保証を
――quality guaranteed
（FROG1998）

【女子オナニーの神話と実態】→
マンガ（約250冊）に出てきた女子オナニーの分類。グラフのバーの中の数字は登場件数を、上の数字はそれぞれの型の総数をあらわす。「着衣」には、いくらか脱いでいるものも含まれている。マンガで描かれるオナニーの型はかたよっているが、実際の女子のオナニーの型は、うつぶせ型・足組み型・イメージのみ派、これらの混合など色々ある。（FROG1996）

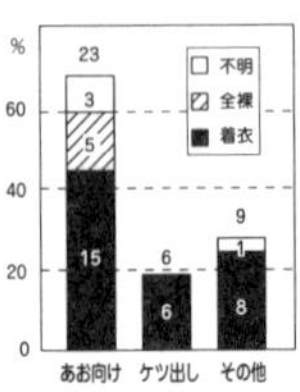

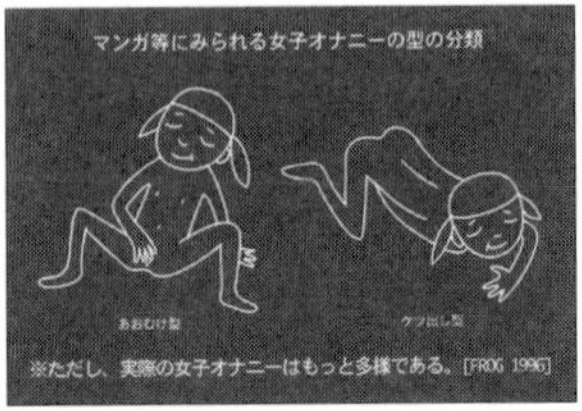

の文章を掲載。

このころ『SPA!』(98年11月11日号)の取材を受ける
「進化する女の〔ひとりH〕の驚異」の取材を受ける。「女性が『オナニー』を語り合える場を提供することがねらい」として、小さめの記事になる。この記事でFROGとして初めてマスメディアに出る。

このころ『女性セブン』(98年12月3日号)の取材を受ける
「世紀末ニッポン仰天の性事情　大学院生・主婦・OLらが参加『オナニー研究会』が報告する快楽の『ひとりH』」の取材を受ける。アダルトグッズショップが開く、オナニーをテーマとした座談会の話とともに掲載される。

99年1月17日「吉本ばかな」(日本テレビ)のコーナー「人生のおませさん」収録
99年2月9日放送。詳細は、46頁参照。

このころ『女性自身』(99年2月9日号)の取材を受ける
「機関誌『けもの道』は今や発行部数千部近くの大人気!!　オナニー歴3年の初心者部員から13年のベテラン部員まで○○○連発のアッケラカン!　京都大女子学生が設立した『オナニー研究会』の仰天レポート!」として4ページにわたり掲載される。FROG単独記事で、かつ雑誌の発行部数が多いため、ハワイで読んだ!　など、最も反響があった。オナニーのことを堂々と女子大生が語るなんて、おじさんはついていけないという一貫した姿勢で構成されている。

99年2月　『インパクション』(隔月刊)誌上にて「今月のフェミ的」連載始まる
現在も連載中。

このころFROGメンバーの原稿が掲載された『ため連宣言!』(作品社)が出版される
水島希・長山智香子の「まんこを得る旅」等が掲載される。

このころ『熱烈投稿』(99年3月1日号)に紹介される
「女のおなにーミニコミが存在した!?」として『けもの道』が紹介される。「早く帰ってオナッコポストカードに思い綴り愛しのあのコに手紙を送りたいのにー!」というリード文あり。

このころ『特冊新鮮組』(99年4月4日号)の取材を受ける
「一人HのオカズからSEXライフまでオ女たちのミダラな欲望処理が明らかに!　現役女子学生50人が赤裸々告白!『京大オナニー同好会』の究極アクメ研究」として4ページにわたり掲載される。タイトルには驚いたが、記事はきわめてまともで、タイトルと大いに相違あり。

このころ『週刊実話』の取材を受ける
京大女子学生のオナニー研究会として紹介された模様。

このころ『PENTHOUSE』（99年7月1日号）の取材を受ける
「『オナ鍋会』『バイブ供養会』『ズリネタ交換』『裸相撲』……メンバーは女中心『京大オナニー研究会』って、いったい何やってんの?」として1ページの記事が掲載される。京都大学時計台に向かって各々がバイブを掲げている後姿を撮った写真が掲載される。なお、裸相撲は計画のみで未実施。

99年7月31日　『けもの道』7号（「暴力」特集号）発行
三浦サツキ「暴力キャンペーン実施中」など、暴力を振るう、振るわれることに関し特集。また、「私のセックスはいままで（14年間）なんか間違っていた!!」という水島希の緊急提言、相次ぐ取材について考えた「マスコミ取材をした&されて思うこと」（薫薫）などの文章を掲載。

このころ水島希の「私のセックスはいままで（14年間）なんか間違っていた!!」が、月刊『翻訳の世界』（99年9月号）に掲載される

00年3月3日〜3月31日　グループ展「おんなのからだのつかいかた」（於　オオタファインアーツ）に参加
「オナネタ交換」（プレゼント交換のごとく、各自オナネタを持ち寄り、人のオナネタと交換し、楽しむ企画）などを実施。ギャラリーの片隅にオナッコのポスターや拡大した『けもの道』などを飾る。パンフの10—15頁に『けもの道』から原稿が転載された。工夫をこらしたレイアウトで転載され、原稿執筆者の喜び大。16頁には、FROGに関し、「これがアートか?」と題した嶋田美子さんの解説あり。

00年7月16日　女性学シンポジウム「おんなによる、おんなのための、おんなの性解放とは?」に水島希がパネリストとして出演
パネリストは他に、北原みのりさん。コーディネーターは深江誠子さん。（水島希の当日発表資料より）「性の、おもろさ、エロ・せつなさといった側面に私は惹かれるが、このようなアプローチには困難が伴う。また、性に関してオープンになればよいかというと、それだけでは、ある種の問題は隠蔽されてみえなくなってしまう。これらの問題を紹介し、性について再考するだけでなく、そこから社会に何をどう還元するのか、だれと共闘するのかを考えたい。」

06年1月　女性向けアダルトグッズショップ「Lovely Pop」のサイトでもりもり☆アイアイのWebマガジン連載「good vibe!!」が始まる
「生理からオナニーまで、獣フェミニストの毎日」として月1回更新。06年末にて休載。07年夏より再開予定。休載中は、田中課長が代打で連載。
URL　http://www.lovelypop.com/

今月のフェミ的

*

2003 — 2004

恋を失った今こそが、フェミ的にチャンス時☆

＊

もりもり☆アイアイ

読者のみなさん！　恋愛してますか？　「恋愛って何？」とかってのは重要な問題なんですが、恋愛とかいうのにはなんらかの形で終わりありで、それはやっぱ辛かったりする。そこで、今回のフェミ的は「恋愛が何であろうがどうでもいい、そんなことより、今失恋してつらいんや、どしたらいいのさ」なあなたに送ります。題して、「恋を失った今こそが、フェミ的にはチャンス時☆」

ラブな人が自分の前からいなくなったり、ラブな人が自分にラブじゃないってわかったり、始まりあれば終わりあり。異性ラブ、同性ラブも、とにかくラブは永遠ならずや。んなことわかっていても、ラブを失うことは結構ダメージを与えます。ラブを失った寂しさはもちろん、ラブを失ったことで自分の存在や自分の考えを否定してしまい自己評価が下がるなどダメージは多岐にわたります。人を信じられなくなり人間関係がうまく持てなくなることもありましょう。

でもね、失恋したフェミの皆さん、これはチャンスですよ、それものすごいチャンス。というのは、わたくしも長い間続いた結構深い付き合いのラブが最近終わり、めちゃくちゃしんどかったんです。で、一人になっては泣き、自分には価値がないと思い、孤独をひしひしと感じ、生まれてきてよかったのかと己に問うたりしてました。なんですけど、このままじゃまずいと、友だちに相談したり、友だちの体験談を聞いたり、あんまり相談するのは迷惑かと思って、いのちの電話に電話して大泣きしたりしてるうちに、気づいたんす。楽しいことはたくさんあった、二人だからできたこともたくさんあった、いろんな素敵な時が確かにあった。でも、二人だからできないことや我慢したこともあった。そして、一人でできることもたくさんある、私一人でも楽しいことはできる、私にはいろんな力があった、あるんだ！、と。

関係性にもよりますが、二人で長い間いると自立していることってだんだんできなくなってきます。そういうナアナアな部分て恋愛の甘い部分でもあると思うんですが、この甘いところに漬かっちゃうと自分自身の力や可能性を忘れていってしまいます。私はまさにこの状態にいました。ラブ相手以外との関係を育むのに積極的でなくなり、ラブな相手の気分に自分の気分も左右され、ラブな相手にラブられてないと自分を愛せなくなる。うう全然フェミじゃねぇ。

この状態にピリオドを打ったのが、ラブ失いです。ダメージをすごい伴うので、きつい方法ではありますが、フェミ的に生きていく上で、自分の生き方を問いなおすチャンスをラブ失いは与えてくれます。でも、ラブ失いはきついんで、これまで以上にフェミじゃない関係を作ることに没頭したり、ますますかえってフェミから遠ざかっていくこともあります。結婚（しかも、どうでもいい相手との）しちゃったり。

そんな時に役立つサイトをご紹介。「失恋から立ち直りたいあなたへ」（http://www.moon-vista.net/heart　Banbis Snowflower さん製作）。ラブ失いでない時には、「ふぅ〜ん」って思うだけかもしんないけど、ラブ失いの時に読むとなかなか効きます。ラブ失いの状態から抜け出し、自分を愛することができるように、いろんな方向から助けてくれます。自己評価が地に落ちていた私は読みながら何度も泣いたぜ。いのちの電話と友だちとこのサイトの三つによって、ともかく大泣きする、様々な経験・アドバイスを得る、一人じゃないように思えるようになる、自分のいいところや自分自身の力を思い出す、等々を重ねることで、私はどん底から復活しました。まじオススメです。

サイトの主力は「あなたへの言葉」という失恋した人に向けられた文章。この「あなたへの言葉」は、作者自身の失恋立ち直り段階を経験的に教えてくれたり、失恋のツラさについて考えるヒントをくれたり、はたまた過去のラブ相手に偶然会ってしまった時について書いてあったりで、なんと100通近くもあり、いろんな状態にある人にグッと来るはず。また、「失恋のおくすり」という言葉集（例：「自分で自分のことを真剣に考えないで他に誰が考えてくれるというの。」シンディ・クロフォード）もよいです。

時おり、「恋人」でなく、「彼」とあったりで、ヘテロ女向きな姿勢が伺えますが、それを内容の良さで補えばそこにはどっさりとあまりがあるオススメフェミサイト。寂しさ、悲しみ、ツラさを受け止めながらも、一人一人が自分自身の力で一人一人であれるように力をつける助けをしてくれるという点で、まさにフェミ的なサイトです。

それから、このサイトでは、携帯用のメールマガジン「携帯版失恋のおくすり」というものの購読手続き（無料）もできるのですが、これもオススメ。［＊1］ ラブを失い、メールが来なくてさびしいところ、なんかメールが来るのは嬉しいし、失恋名言と制作者の方のコメントに心励まされます。今現在ラブ失いでないと、有り難くもなんともないかもしれないおくすりですが、覚えとくと役に立つんじゃないかな。

今現在私はラブ失いからまだ一ヵ月も経ってないんで、いきなりずどんと落ち込んだりもしていて、揺り戻しが時々来てもいますが、槇原敬之の「もう恋なんてしない」もわかるわと思えるようになってきて、自分自身の力を取り戻していっています。恋をまたするかが重要かどうかはわからないけど、過去に引き摺られる部分があることを認めながらも、未来を向いていってるところが今の自分に合っていてよし。時々頭の中でリフレインさせながら、フェミ道をわたくしまた歩き出しております。

では最後に、このラブ失いの最中に私が友だちからゲットした失恋名言をラブ失い中のあなたに。「孤独は可能性なり」。ラブ失いのフェミのみなさん、きっと大丈夫です。

君あての郵便が　ポストに届いてるうちは
かたすみで迷っている
背中を思って　心配だけど
2人で出せなかった　答えは
今度出会える君の知らない誰かと見つけてみせるから

本当に　本当に　君が大好きだったから
もう恋なんてしないなんて　言わないよ　絶対

——槇原敬之の「もう恋なんてしない」
アルバム『君は僕の宝物』（Weaミュージック・1992年）に収録。

【初出・2003年2月】

註

［＊1］残念ながら、メールマガジンの配信は2007年4月5日付「あなたへの言葉」100通目をもって終了のようです。

関西在住平均的お笑い好き一女子の思う、「フェミと女芸人」

＊

荒木菜穂

関西に住んでいたせいか、小さいころからお笑いの番組は見る機会が多かった。「お笑いとフェミ」ということだが、当時女性がやる漫才は（数的にも少なかったが）胡散臭くてわざとらしい感じがし、あまり面白いとは感じなかった。

「女にはお笑いはムリ」と言っていたのは松本人志であったが、高校の時読んだ『遺書』（朝日新聞社・1994年）ではたしかその理由は、「男の裸体は笑いを取れるが、女の身体は笑いを取れない」というようなものだった。私の理解しているフェミニズムの文脈で言えば、男とちがって女の体は性的な意味以外与えられていない（たとえ服を着ていたとしても）、ってことになるのだろう。十数年前の、「女性芸人が面白くない」という感覚も、今となっては、女の存在っていうもの自体が「お笑い」という文脈を生きられないから、という言葉で説明できる。

で、どんな文脈なら向いてるかというと、「きれい」「セクシー」もしくは、「ブス」という、「性的」存在としての文脈。そんなに不美人じゃない芸人は、中島梓のいう「ダイエット症候群」［＊1］じゃないけど、「性的存在」という現実から降りられないから、「お笑い」という演技をしているようにしか見えない。もちろん男性の芸人でもそういう人はいるんだろうけど、今でもよく「漫才師の卵」みたいな感じでドキュメンタリー番組で紹介される若手のわざとらしいネタのように、たいてい面白くない。一方、不美人をネタにする女芸人はたくさんいたけど、今もそうだけど、「笑わせている」というよりは「笑われている」という感じで痛々しかった。

　中学高校と進むうち、ちょうど二丁目若手ブームというのがやってきて、私も人並みには深夜の若手のお笑い番組を見たり、たまに二丁目劇場［＊2］に足を運んだりしていた。この頃も女性芸人は少なかったように思えるが、少し後になって、深夜のランキング方式のお笑い番組で〈海原やすよ・ともこ〉が一位を取ったことが、すごく印象に残っている。彼女らは、二世（三世？）芸人ということもあり、いわゆる不美人をネタにする「ヨゴレ」の位置にはなく、むしろ〈ハイヒール〉（も好きだったけど、やっぱり男芸人に比べてお笑いにふっきれてない感じがしていた）の流れを組むような、過剰な（戦略的？）女っぽさ（お水 or ギャルっぽさ）を纏っていたように思う。でも、なんか自然にそれが「お笑い」を生み出すキャラになっていた。80年代の大阪のギャルに比べて、90年代以降のギャルのほうが、日常に「女らしさ」よりも「お笑い」の占める割り合いが増えているからなんだろうか。はたまた「女らしさ」のイメージが多様化して、「面白い女」という「女らしさ」のジャンルができたからだろうか。その海原ともこが、〈ハイヒール〉にたいし、「女が結婚しても漫才をしていく道を作ってくれた」と感謝したというエピソードは［＊3］、「労働とジェンダー」的でよい感じ。

　で、たぶん同じころで驚いたのが、ステージで乳を揉んだりしていた〈モリマン〉だった。その後、バラエティー番組で下半身を露出させ、「男が脱いだら笑うのになんで笑わないんだ」という名言を残したが、そのとき出演者の外国人男性のコメントは、「女性の裸を見るのはうれしいけど、日本では道徳的によくないんでしょ」みたいなことだったように思う。［＊4］　彼女らのしたことはすごく共感できたけど、前述の松本のコメントのような現実を見せつけられた気がしてちょっとつらかった。実際あんまり笑えなかった。女の「ヨゴレ」は、男が「ヨゴレ」を定義してそれを笑い、その女が世間から哀れまれるような存在の場合のみ許容されるのかも。積極的に「ヨゴレ」て、しかもそれで何が悪いっていう態度の〈モリマン〉は、すごくかっこよかったけど、結局全国ネットではあまり見かけなくなった。

一方、最近よく見かけるのが〈森三中〉。バラエティで、しかも「女が脱いでもうけない」発言当事者の〈ダウンタウン〉の番組で、サウナで胸もかくさず、おっさんのように股を開いて座っている〈森三中〉の一人（大島美幸だったかな？）には爆笑してしまった。なんで？〈モリマン〉と何が違うんだろう？　その場のノリがそうさせたのか。コントというストーリーがあったからなのか。考えてみたら、〈モリマン〉のあのシーンも、結構テレビ的に作られたもので、ライブではうけてるらしいことを考えても、露出が単なる「ハプニング」じゃなくて「ネタ」と認識されたら、やっぱり面白いのかもしれない。まあ男の場合、ハプニングでも笑いが取れるかもしれないけど。でも、少しずつ世間の意識を変えるのに、たとえ「ネタ」でも、今まで女が生きることのできなかった文脈が発見されていくのもアリだと思う。ただ、〈森三中〉のうち、メディアで一番好意的に扱われているることが多いような気がする村上知子は、なんとなく「ブス＝かわいそう」の図式から抜け出てない気がするんよね。ある意味結構かわいいと思うのに。あ、完全に「オンナ」を放棄した女じゃなくって、「オンナ」として扱われたいけど扱われない女を哀れむと同時に笑うのが従来の図式だったな。そういえば。あと、最近やっと知ったんだけど、大島美幸はご結婚なさってるらしいですね。ほほぉ……!!

〈青空〉も、ランキング番組で落とされたとき、「この男社会～！」って言ってたし（男社会だから落とされたかどうかは知らんが……）やっぱり物事っていうのはゆっくりとしか変わらないのかなあと思う。そういう発言ができる状況は進歩だと感じるし。あと、〈モリマン〉の場合のように、そこにメッセージ性（特にフェミ的な）を見つけて拒絶反応をする能力は、ホント、メディアは優れていると思う。ってことは、フェミのためには、メッセージを悟られないように、「姑息」にオンナのサブカルチャーを作っていくしかないのかなあって気になってしまう。

最後に、キワモノではないけれど、少し前のことですが、ピン（一人）芸人の頂点を競う「R―1ぐらんぷり」（2002年）で優勝した〈だいたひかる〉。優勝者についての新聞記事を読んだときは、てっきり男性だと思っていて、後で女性だと知り驚いた。これからどうなってくかはわからないけど、まあお笑いの形態（漫才 or コント or 漫談 etc.）にもよるんだろうけど、男とか女とか関係なく面白くて評価されるというのもいいな、とちょっと思いました。彼女の、「大きなお世話ですが、プレイボーイを読んでる人にプレイボーイはいない」ってネタも好きです……。

【初出・2003年4月】

★その後のこの話

関西在住女子というだけで、おこがましくも女芸人について書かせてもらったアレから早4年。もはや全国的にお笑い人気が浸透した感のある今日この頃。情報が溢れ、ちょっと食傷気味でさえある感じ。そんなわけで夢中になることは少なくなってしまったけど、フェミとしての私にとって、やっぱりお笑いは勇気をもらい元気になるための要素であり続けている（たぶん）。

あれから。〈だいたひかる〉の毒舌は、初代R―1ぐらんぷり勝者への期待に反し大人しくなって残念。以前何かの番組で、自分はずっと男性の視線を意識して生きてきたようなことを語っていたけど、芸と「女であること」との間で葛藤がある人なのかもしれない（憶測）。あるいは毒舌芸人が増えて霞んだだけか。

一方、女芸人が単に「不美人」をネタに「笑われる」ということは少なくなったように思う。大きな女、〈南海キャンディーズ〉しずちゃんに「笑わせられる」ことはあっても、誰も彼女を貶めて「笑ったり」はしない。しずちゃんといえば相方山ちゃんの風俗好きを、嫌だ、気持ち悪い、とはっきり言ってるのも興味深いです。身近な男の女遊びにたいし女が堂々と不快感を示すことができる、というのは良い傾向。男女の関係では、南キャンと違い現実に恋人関係の〈友近〉と〈なだぎ武〉も、一昔前の夫婦漫才風じゃなく、対等な職人カップルて感じで良いです（コンビじゃないけど)。
〈ハリセンボン〉も前世紀なら典型的な「不美人」キャラだろうけど、あまりに突き抜けてて「不美人」のパロディみたいで格好いい。無遠慮な性的視線から相方を守る、という「女同士の絆」的雰囲気も好きです。彼女らの場合、子ども扱いされてるという部分もあるかもしれないけど、女同士でもって男の視線に巧妙に反撃するという「笑い」自体はちょっとずつ増えてる感じがする。この調子で、女のいがみあいを高みから笑う、あの不快な「笑い」も減ってくれるといいのにね。

註

[*1] 中島梓『コミュニケーション不全症候群』筑摩書房・1995年。
[*2] 心斎橋筋2丁目劇場　「心斎橋吉本ビル」内のホールが1986年にリニューアルオープンした際に誕生した吉本興業直営の劇場。1999年3月31日に閉館。ダウンタウンなどが出演し、一大お笑いブームを担った。
[*3]『大阪人』55号、財団法人大阪都市協会・2001年。
[*4] この番組のことではないけれど、「ラブピースクラブ」のサイト内で〈モリマン〉が連載していたコラムで、女の裸とお笑いについて書かれたものがあり、すごく面白いです。
http://www.lovepiececlub.com/moriman/index.html

左派フェミに明日はあるか？

＊

陰毛如来＋尻毛観音

こんにちは。尻毛観音です。今回はいつもフェミニストの姉貴分と慕っている陰毛如来さんをゲストにお迎えしました。二人の共通点は左翼業界とフェミ業界をふらふらと往復している点だと思います。左翼業界における自分のあり方をお話していきたいと思います。

陰毛如来（以下、**陰**）：対談の前に、気合入れるためにうんこしてもいいですか？（しばらく出てこない）解放されたところで始めますか！　最近どうですか？　デモとか行ってます？

尻毛観音（以下、**尻**）：行ってるんだけどなんかモヤモヤしてるなー。

陰：私もです。デモに行くと女のひとの振舞い方と扱われ方に目が釘付けになってしまう。デモ隊や機動隊とか警察ってちんぽ臭い雰囲気が漂ってない？

尻：ああいう場って「ポロリ！　チンポだらけの水泳大会」って感じでうれしくなっちゃう！　あと、警官や機動隊を目の前にしたとき、自分の中の攻撃性とか暴力性を再発見した。

陰：デモの主催者とかがシュプレヒコールや警察への抗議を「過激派みたいだから」って自主規制するのはナンセンスだけど、別のコンテキストで、そういうスタイルにはフェミ的に抵抗を感じない？　政治文化のスタイルに潜むマッチョ性は問題にしていくべき。それにデモを攻撃性や暴力性を発揮する場としてだけ捉えるのはどうかと思う。

尻：最近東京でストリートレイブデモ［＊1］というのが盛り上がっていますね。路上でDJが音出して野外レイブパーティーをデモの中でやっている。World Peace Now［＊2］が下火の今、かなりの人を動員していますよね。自分は俄然支持！　というのを前提で言いますが、あの場が「解放」されてるはずなのにすごい間口が狭く見えるんだよね。

陰：私はむしろ普通の左翼デモより踊ってるほうがチンポ性を意識しないですむんで楽です。

尻：「ああいう場は女性にとって容姿が重要なのではなくていかにかっこよく踊れるかが評価基準だ。」と言ってる人もいるんだけど、わき目もふらずに踊っている娘が「男気」があると評価されるんだとー。

陰：左翼よりも男女共同参画が進んでるってことですか？　それも女性にとって大変そうですね。しろくじちゅう髪振り乱してはたらいてないと同等にみてくれない職場みたい。

尻：友達がこのような場でぼーっとはできないって言っていて、それってようするに男性から性的な目で見られないために踊りまくるんだと言っていた。解放されているように見えて内面ではすごく緊張して防衛している訳です。そういう女性もいるんだと気づいた。それに子どもも参加してるけれど、結構歩きにくそうで転ばないか見ていてヒヤヒヤしてしまうな。

陰：娑婆でもどこでも女性が「防衛」意識を強いられるってのはやだね。踊るときくらい忘我の境地でいたいもんですよ。確かに今回の一連のWorld Peace Nowで発見したんだけど、路上で何かを主張する権利というのは選挙権よりも間口が広いはず。外国人でも子供でもそういう権利はもっているんだと当たり前のことに気がつきました。そういう可能性はレイブに限らずどんどん追求してったほうがいいと思うんです。左翼じゃなくても車道をあけろ!!　という権利はそれぞれがそれぞれの気持ちいいやりかたでみつけられるはすですよね。間口を広く敷居も低く。ちんぽちっくな機動隊に対抗していくのはちんぽの競り合いでは無い形もあり得るんだし。尻毛観音は暴力を本当に振るったことないから、振るったあとの嫌な感じとか分かんないんだよ。気持ちいいものじゃないし、ひき返せない感が残るよ。

尻：暴力を直接振るえるか……というと自分はできないと思う。20歳の頃三里塚の映画を見て衝撃を受けて、当時の運動の亡霊に取り付かれちゃってるけど、極めてバーチャルだと思う。あと、フェミと左翼の間で二股かけちゃってるみたいでうしろめたい……。これはダブルバインドの話で、自分は女性をとても尊敬していて大切な事はいつも女性同士でシェアしてる。でも自分の中のマッチョ性がにょっきり出てきて自分を支配もしている。「男気」を見せることにやっきになったりね。

陰：それって癒しをフェミに、攻撃性を左翼文化に投影してるって事で、かなりだめなんじゃん？　ステレオタイプなイメージの焼き直しだよ。あたしはフェミはもっと左翼性を強めてもいいと思うし、逆に左翼文化の人はフェミ的要素を得るべきだと思うよ。一生そのイメージでオナってろ!!

尻：いやーん。ちょっとまってー。自己批判するー。そのうちね（笑）。「場」という事で言えば、先日オルタナ系・運動系の人が集うある居酒屋でひどい性暴力事件があって、あれにはぶちキレました。

陰：いつもコミュニティーや運動文化の存続の危機には性問題が浮上しますね。そこをどう乗り越えるのかが試練なんだろうと思うよ。

尻：「コミュニティー」とか「オルタナ」とか言ってるけれど場が停滞して濁ってしまってる。

陰：いつも問題提起するのは女性に限定されて、提起した事で外野に追いやられるというパターンの繰り返し。

尻：そして、問題提起した側は時間や労力を無料で提供してしまうというシャドウワークがついてまわる。理不尽です。
陰：「愛」が足りないんですよ。「愛」が。
尻：いきなり「愛」ですかぁ〜。
陰：身捨つるほどの居場所はありや……っていつも思うんだよ。問題解決だけフェミニストにアウトソーシングするな！　って思うね。
尻：そう！　私なんて「セクハラ問題専門カウンセラー」と思われてるもん（げんなり）。
陰：ベル・フックス［＊3］だったらダメな黒人マッチョ男性を叱りながら黒人コミュニティを防衛するけれど、そこまでの「愛」が自分には磨り減ってしまったのか……。
尻：左翼運動とかやってるのに身近な差別は見えていない。生活レベルの問題は彼らにとってプライオリティーが低いらしいからね。
陰：ほっとけば……という気にもなるが、被害にあっているのが女性だったりすると「連帯！　連帯！」というフェミっ気使命感が沸いたりしちゃって。
尻：出会ってしまった人や場に対して自分が責任を感じるからこそ係わってしまうな。
陰：今権力は〜!!
尻：いきなり、アジテーションですか!?
陰：今まさに権力は、コミュニティーや社会をいかにばらばらに解体するかという事に血道を上げている!!　そこで、自分が関わりのある場所に愛を以ってして防衛しようとする事に萎え萎えになってしまうという事が自分は困るんですよ。
尻：すぐに警察や保健所や学校等の行政に助けを求める事はまずい。場に対して解決する能力を期待したい。それを最初からあきらめることはあまりにも悲しいと思う。たぶん私とかはすごく目障りで得体が知れない異物だと思うんだけれど、コミュニティーや組織にとってそういう存在でい続けようと思うよ。ま、こういう事してるとモテないけどね（笑）。

【初出・2003年8月】

註

［＊1］World Peace Now　2003年の自衛隊のイラク派兵に反対して立ち上げられた日本の反戦団体。約50の市民団体が参加。

［＊2］ストリートレイヴデモ（サウンド・デモ）　自衛隊のイラク派兵に反対する人たちによって行われた路上でのパーティー。トラックの上でDJが音楽を操り、その周りを参加者が躍りながら練り歩く。

［＊3］ベル・フックス（Bell Hooks）　アメリカの知識人。社会活動家であるフェミニスト。労働者階級出身の黒人女性という観点から人種、社会階層、ジェンダー問題にとりくんでいる。

非フェミオジサマと一見フェミオジサマに学ぶ

＊

薫薫

マッチョでヤダなあ、と敬遠していた人が意外にマッチョじゃなかった。逆にマッチョじゃなさそうな人が、かなりマッチョだった……。そんな経験はありませんか？　20世紀末からそうした体験が続々！　の私にはホットなテーマです。

マッチョそうでマッチョじゃない一例は某保守派国会議員のオジサマ・約70歳。彼の講演会にさほど期待もせずに顔を出した私。しかし！　そのオジサマは意外にも話が面白い。二次会で彼に、フェミや国防問題、イラク派兵問題などなどについて、直接質問してみたところ、回答はかなりリベラルなものでビックリ仰天。しかも、単なる「リベラル」な人が判で押したような金太郎飴的回答をするのではなく、ちゃんと根源的に考えていると思われる答え方。例えば夫婦別姓運動の持つ意味について、戸籍制度と別姓要求の矛盾などもシッカリ押さえている。

彼は、はっきり言ってフェミではありません。男女差についてもジェンダーについても保守派って名乗ってるくらいだから、ちゃんと（？）保守なところは保守。国防についても改憲して外国からの侵略があった場合に備えるとか、国連のPKOには自衛官を派遣すべき、などの政策を支持もしくは容認してます。こうした点については反対意見や疑問があるけど、話が通じ、信用できる人間であると直感しました。彼の「できるだけ多くの人が、強くても弱くても、それなりに幸せにやっていける世の中にしたい」という現実的な政治目標には賛成できるし、「理想と現実政治のさまざまな矛盾」や「意見の合わない人ともある程度は妥協する」という自覚があるところも信用できます。また、何気ない動作を見ていても、タダのオヤジではなく、マトモな人であることはうかがいしれました。気がつけばビールを近場の席の人に注ぐし、つまみが足りないところに適当に回すし、手酌だって自然とやっている。隣に座った私（若い部類の女）が全く気が利かなくとも説教がましいことは一切言わないし、私がたまに注いでもさりげなく礼を言う。もしかしたら選挙対策なのかもしれないけど、少なくとも全くマッチョさが感じられない振舞や挨拶の仕方でした。

一方、一見フェミに理解ありげなリベラル風オヤジの実態がマッチョであった場合にも何度か遭遇。その一例はとある地方選挙戦で応援した某進歩派・無党派選挙事務所でのこと。そこではお茶を出し、食器洗いをするのは女。50代男性候補者本人は洗い物をするものの、支持者のオヤジ達（40～60歳代で元全共闘や組合運動家。現市民運動家がほとんど）や若者男達（20～30歳代）の多くは皆女にやらせて当たり前という表情。女だって選挙カーで働いてかなり疲れているのに。若者はともかく、オヤジ達に至っては酒が入ればセクハラ。「ありがとう」とも「すいません」とも言えない。「俺は洗い物とか苦手なので、お願い」くらい言われりゃ「受けてきた躾の世代差も

（イラストも著者）

あるし仕方ないなー」と許せるのに。対話能力、足りなさ過ぎ。そういや、この手の対話能力不足が選挙運動がダメな要因だった……。政策チラシを街頭で渡す時も相手の顔を見て、相手に合った配り方を考えなきゃ。ただ目を合わせずに候補者名だけを暗く呟くんじゃ、仮に受け取ってくれてもゴミ箱直行だし、候補者への心証も悪いよ～。しかもその提案も女の人には通じたけど、オヤジはきょとんとするだけ。

彼らは候補者の政策にある男女平等推進には賛成というけど、自分への視線が甘いのでは？　全共闘に絶望した人達がリブをはじめた理由を知らないの？　彼らは内側にある性差別に無自覚なまま社会運動する男の失敗やリブの興った理由など、過去の歴史に学んでない。歴史教科書の侵略記述云々の前に自分の半生史に学び、政治を変える前に自分から変革してみてはいかが、と思った次第。

さてこの「理想と現在やってること」の矛盾に自覚的で、「できるだけ現実を理想に近づけようと努力している」某保守政治家のオジサマと、「理想と現在やっていること」の矛盾に全く無自覚なまま「理想を語る」オヤジ達との違いは一体何に起因するのでしょうか。前項の尻毛さんと陰毛さんの対話にあるよう、放っておけばいいって気もしますが、結構重要な問題なのかもしれない。

答えは模索中。ですが、某保守政治家は寛容の度合いが高く、某リベラル候補支持者はその度合いが低いこと。これが最も重要な点では……、と注目してます。世の中、どんな意見も全く一緒って人は少ない。なら、なるべく意見の近い良心的だと思える人と対話して良好な関係を築き、意見調整（妥協）し、できるだけ理想に近づける努力が重要では？いくつかの点で対立しても、共通している問題は一緒にやる。それは「野合」などと批判されるのでしょうし、戦前の大政翼賛運動も思い起こさせますが、最も譲れない事以外は寛容さを発揮してある程度譲歩し合った方がマシなんじゃないかなあ……。

怖い法案がどんどん通っていく今の世の中、これはマズイと思う私としては、非フェミオジサマの意外なリベラルさと寛容さに学び、一見リベラル＆実態硬直オジサマ達を反面教師として、なるべく良い方向にしていきたい。私も寛容にならねば！

しかしこれが至難の業。どうしたらいいんや？　ただ、身近にヒントがあります。

私は某地方都市で講演会を主催する会をやってます。この会がノンビリとはいえ2007年現在5年も続いている主要因は、寛容な面を上手く発揮しつつ、ダメ出しもきちんとする人がまとめ役であること。この人が、対人関係に困難を抱えている人もなるべく排除せず寛容に受け入れ、各々の持ち味に合った役割が果たせるように気遣いをする一方で、合わない仕事をして会がメチャクチャになってしまわないよう、さりげなくストップもかけているからです。

その人の姿勢を見ていると次のことが重要みたい。困った人に絶望しないこと。そして逆説的ですが、困った人が簡単に「困らない人に変身しない」という諦念があること。相手の良さを探し出して評価する一方で、マズイところもきちんと把握すること。相手が自分を尊重してる場合は、自分も相手を尊重すること……　などなど。

これさえ心がければ……！　って言っても、やはり実践は難しいんですが。言うは易し、行うは難しってことなんですかね、やっぱ。

【初出・2003年10月】

予想外にフェミ的！　アメリカのテレビ番組

＊

水島希

やった〜〜！　NHKの海外ドラマ『ザ・ホワイトハウス』の第二シリーズが始まった〜〜!!　第一シリーズは、米軍のイラク攻撃関係で放映時間が乱れに乱れ、最終話を見逃した!?　ウソ？ 信じらんない！　と、もうそれだけで反戦を訴えてもいいくらいの勢いだったのですが、この度、第二シリーズの放映がついに開始されました。［＊1］

このドラマ（原題：**The West Wing**）は、ホワイトハウス西棟を舞台に、マーティン・シーン演じる民主党バートレット大統領とそのスタッフたちの日常を描いた大型TVシリーズです。現実の社会問題を取り入れ政治の内幕を描いていくという内容で、現在アメリカでは第五シリーズに突入している全米で大人気の政治ドラマなんです。

もともとはロブ・ロウ好きで見始めた私ですが、最初に観た時、取り扱われている題材にまず驚きました。第一話目からいきなり「弁護士志望の高級コールガール」が出てきて、働く権利を主張するんですよ！　ロブ・ロウ扮するサム・シーボーン広報部次長は、このコールガール・ローリーを好きになり仕事を辞めさせようとします。ローリーは、自分は胸をはってこの仕事をしてる、邪魔しないで、という態度。サムは別のスタッフから「あなたは彼女を更正させようとしてる。なぜ？」と批判されます。最近では、共和党の有能で若い女性党員が、大統領スタッフに起用され、別の党員からイジメやセクハラを受ける……という、性差別と闘うエピソードが組み込まれるなど、性や性差別の話題が豊富なのです。

第三シリーズになると、もっと突っ込んだ話題が出てきます。なんと、売春の非犯罪化の是非が問題になるのです。［＊2］　全米女性機構（ＮＯＷ）のメンバーの要請を受け、国連の条文にある「強制売春」の「強制」という単語をとるべきかどうか、スタッフが悩むのです。自由売春ってあるのか、人身売買との区別は？　など、かなり専門的な問題が、両方の立場の視点から紹介されます。9・11以降、人身売買根絶を名目に、他国（とくに東南アジア）の入管体制強化に圧力をかけているアメリカですが、［＊3］一般市民はこんなドラマを観てたなんて驚きです。日本で言えば、菅直人を彷彿とさせる首相が、女性グループの訴えを聞いて対応に奔走する、という政治ドラマがお茶の間で人気を博してるようなもの。第三シリーズは、アメリカではテロの翌月から放映されました。その後作られた四、五シリーズでは、ブッシュ政権の対イラク政策に批判的な内容が出てくるらしいです。楽しみ。

ちなみに、主役のマーティン・シーンは、ハリウッドでももっとも声高に反戦を訴えている俳優のひとりです。実際にデモで逮捕されたり、ネット・電話・ファックスを使ったバーチャル・デモという企画の広報をやったりなど、実質的な活動もしていて、これを理由に『ホワイトハウス』の降板をほのめかされていた程です。日本で芸能人がなにかやる場合、イラクの子どもたちを救えっていうチャリティコンサートとかになってしまいがち。ぜんぜん政治的じゃないことしかやらない（許可されない？）ようですが、マーティン・シーンみたいに有名な俳優が、現在のブッシュ政権を批判しながら市民層を巻き込んで運動をしてるって、なんかすごいですよね。

ところで、同じくらい反戦で有名なアメリカのメディア人といえば、マイケル・ムーア！　映画『ボウリング・フォー・コロンバイン』（2002年・カナダ）も必見ですが、この映画の原点とも言うべきテレビ番組『恐るべき真実』［＊4］が発売されてます。『ボウリング～』では性差別には言及してませんでしたが、この番組ではフェミっぽい視点のテーマがいくつも入ってます。例えば「男女アパルトヘイト（Male Apartheid）」という短いコーナー（第三巻）。これは男性が女性を支配するしくみについてシニカルな解説をしたもの。「政治／アメリカの指導者は211年間男が務めています／女の大統領はひとりもいません／当然ながら政府の行動も男性的でした」という説明からはじまり、ビジネス、文化、メディアと男性中心であることを指摘します。じゃあなぜ男は権力を持てるのか？という問いに「それは女が選挙のたびに男に投票してきたからです」と端的に答えます。そうなんだよ！　選挙ってなんだかんだ言ってもやっぱり重要だよね、マイケル！

左翼活動の中で性的なテーマを取り上げるのは、日本ではなかなか困難なようですが、マイケルはセックスと政治の関係についてバンバン言及します。ニューヨークのジュリアーニ元市長が、街の浄化を掲げてポルノ規制を厳しく敢行した時（第二巻）、ポルノショップは移民の人たちが家族経営してるお店が多く、性風俗一掃作戦は結果的に移民労働者に圧力をかけてるだけだ、と主張します。「店の商品の60％を超えるポルノグッズを売ってはいけない」という市長の規制にマイケルがとった行動は、ジュリアーノ市長グッズ（60％）とポルノグッズ（40％）を売る店を出店するというもの。この抗議行動の一部始終が番組で放映されます。

あるインタビュー［＊5］の中で、マイケルはこう語ってます。「戦争するのも人殺しするのも、やるのは99％男だよね。社会の問題っていうのは、ほとんど男の方から出てて、女の方からは出てない。そこに問題があるんだ」。この分析の是非はともかく、社会問題をこんな風に性やジェンダーと結び付けて語れるって、ほんとかっこいい！　左翼でフェミ……　自分のまわりには、ほとんど見られないタイプの男子活動家です。新刊［＊6］で、マイケルは「アメリカはよくなってきている」と言ってます。ほんとかなぁ……　と疑問でしたが、こんなテレビ番組が放映されてるなんて、もしかしたらホントに変化しているのかも？　あんまり変化のない日本のメディアよりも、ちょっとだけマシってことなのかもしれないです。

【初出・2004年1月】

註

［＊1］『ザ・ホワイトハウス』　アメリカでは2006年5月にシーズン7でシリーズ終了。日本ではシーズン4まで放映済み（NHK BS2）だが、それ以降の放映予定は決まっていない（涙）。CSではシーズン3を放映中（Super! Drama TV）。日本版DVDは現在シーズン4まで出ている。シーズン3開始直前に放映された、9・11特別エピソード「イサクとイシュマエル」"Isaac and Ishmael"は、おもしろかった。が、2005年12月レオ役のジョン・スペンサーが亡くなり、ファンとしてかなりショックを受けました。

［＊2］シーズン3、第8話「抑圧される女性たち」"The Women of Qumar"。アメリカでは2001年11月に放映。日本版DVDで見れます。

［＊3］2002年11月には、ブッシュ政権の強い圧力のもと、ハワイで反人身売買国際会議が開催された。この後、人身売買廃絶を根拠に、国境間の移動規制が強くなったところが増えている。

［＊4］『マイケル・ムーアの「恐るべき真実」アホでマヌケなアメリカ白人』一〜三巻。レンタルビデオ／DVD（アット・エンタテインメント発売）。TSUTAYA等でレンタル中。カバーはなぜか原題「恐るべき真実（The Awful Truth）」よりも「アホでマヌケなアメリカ白人」の方が大きく表示されてるので注意。

［＊5］ウェイン町山の「モンド in USA」（インターネットラジオ）第一回2002年12月16日放送内容より。＊2007年現在は終了しています。

［＊6］『おい、ブッシュ、世界を返せ！』（アーティストハウス・2003年）。マイケルムーアの公式ウェブサイトは、http://www.michaelmoore.com/（英語）

連れなし、子なし、金もなし
それでも、朝の光の美しさを忘れない

＊

もりもり☆アイアイ

漠然とした不安に時に襲われる。年金のニュースを見て将来考えて。年金制度が破綻？ 破綻も何もそもそも払っちゃいねえ。年収300万時代の幸福？ んなこと言われたって、200万にも届いちゃいねえ。毎日にそれなりに楽しいこともあるけど、今じゃなくてその先を考えると、そこは、どよどよよどんだ暗闇だ。

こんな気持ちになりだしたのはいつからだろう。10年前私は18歳で、不安はあったけど、今とはだいぶ違う不安だった。暮らしの不安じゃなかった。風邪を引いて熱が出たら暖かな休息を得られた。身体はつらくても、ちょっと嬉しい気分だった。今はどうだろう？ 風邪を引いたらバイトを休まなくちゃ。病院に行ったらお金もかかっちゃうのに。熱が出たら暮らしに途端に影響が出る。風邪を引くわけにはいかない。健康であることは切実な課題。それが一番の節約だから。

そんな毎日、気になるのは年だ。28なんて、まだまだ若輩モンだろうけど、将来がおぼつかないとそうもなかなか思えない。だからよう、もう年のことでアオラレたくないんスよ。でも、テレビを油断して見てたら突然、アオラレるんスよ。

あれあれ、携帯電話のａｕのＣＭに。あるＣＭはこんなだ。写真を撮ろうとして「動かないで」と言う「旧世代」の松下由樹（35歳）に対し、「動いて」と動画を携帯電話で撮影し添付して送る「新世代」の仲間由紀恵（24歳）。別のＣＭでは、携帯電話のナビのお

かげでライブ会場に素早くたどり着いた「新世代」の仲間。それに対して、道に迷い着いたころにはライブが終わってしまってた「旧世代」の松下。まだある。道で見えない壁にぶち当たっている松下に対し、「先輩お先に」と颯爽と先に進んでいく仲間。これら一連のCM［＊1］は、携帯電話の世代交代をOLのお局と新人社員にたとえて表現してるのだが、笑って見られると思ってるのかなあ。あせらせたいのかもしれないけど、あせりより腹が立つ。

松下由樹と仲間由紀恵は11歳の年の差だ。男だったら、こんな程度の年の差で、同じCMは成立しないだろう。au利用者の私は、携帯解約して、怒ってるってことを示さなきゃならないのだろうけど、長期割引もったいない。貧乏なので解約できない。金で思いが縛られる。

きっとこんな時、将来の不安を消し去るんじゃないかって、そこに夢が持てるのが、女にとっては結婚なんだろう。離婚家庭育ちで、結婚という安定は幻想だと思う私は、結婚願望を今まで一度も持ったことがない。けれど、そこまで強い確信を抱いているのでなかったら、ここで結婚が出てくることぐらいは、私でも予想ができる。

そこで、磯野貴理子［＊2］問題である。磯野貴理子は当年40歳［＊3］のタレントだ。モテナイ、いきおくれ、独り身をキャッチコピーに売ってきた。磯野貴理子のネタのほとんどは、モテナイこと、独り身であることだった。独りで食べる料理の淋しさを滑稽に話し、自らを笑い者にする。この磯野のウリは、モテナイ、あるいは、いきおくれ、あるいは、独り身にとって、どれだけ迷惑なものだったろう。モテナイ、いきおくれ、独り身は、笑ってよいもの、さびしいもの、悲しいもの、つらいものだという言説の流布を積極的に担ってきたのだから。

しかしである。その磯野貴理子が先日結婚した。それも10年の交際を経て。ある番組では、「実は全然必要じゃなかったんですけど」と、独り身のはずの磯野あてにプレゼントされた一人鍋が、要らないものとしてプレゼントに出されていた。この裏切りは大きい。

モテナイ、いきおくれ、独り身を笑いにとっていたことがまだ許されるとしたら、それは当事者性にあるのに、それさえもなかったというのだ。モテナイ、いきおくれ、独り身を笑いとする磯野に反発を覚えながらも、磯野に同志の思いを持っていたものもいただろうに。

CMに、バラエティー番組に、ちょっとした毎日の会話に、年をとった女が一人で生きることの負のメッセージが世の中にはいっぱい溢れていて、将来への不安に輪をかける。だからなんとか、年をとることは素敵だってメッセージがいっぱいになるといいな。年をとって独りでいることが素敵なことになるといいな。［＊4］でも、それは自分でやるしかないよな。将来が不安なのは変わらないながらに、これからあと100年生きたいと思う。私は、28歳、フリーターの独身女だ。

【初出・2004年3月】

註

［＊1］本書ではなく、『インパクション』誌への入稿の日に、auの新CMが始まったのを見た。今度は旧世代の松下が新機能を使えるようになるバージョン。これまでのよりはちょっとマシ。方針転換か。

［＊2］2007年1月1日より、磯野貴理に改名。

［＊3］『インパクション』掲載時。生年月日1964年2月1日。

［＊4］「誰かに買っていただかなくても、ね！　もうすっかり大人の女なので。自分で」と桃井かおりが言う、宝石のCM「カメリアダイアモンド」。宝石が欲しいか、宝石が買えるのかはさておき、誰かに買ってもらうわけでなく自分で、それも若くない女が買うことが、自嘲や笑いにならずに表現されているのは嬉しいです。

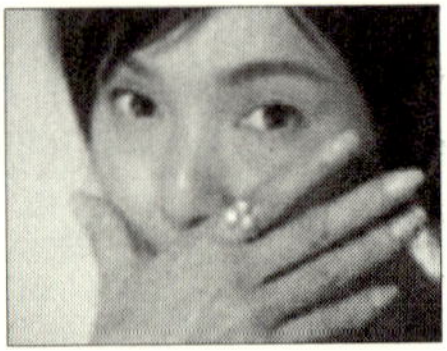

妊娠分娩産褥記
妊産婦は隠されている。

＊

水島希

臨月のころ、上着を着てるとお腹が出てるのがわからないとよく言われた。しかも、最近のマタニティの流行りは「妊婦に見えない！」というモノ。私も普段来てるのと変わらないようなジーンズをはいたりしていた。それもあってか、電車に乗っていても席をゆずられることはほとんどなかった。

というか、妊娠してから三回しか席をゆずられていない。薄着の時期で、腹がでていること丸わかりになってから、三回。どれも、同年代の女子がゆずってくれたのだった。

というか、ゆずってくれるのは100％同い年くらいの女子のみ。おっさんやおばさん、サラリーマン、30代後半以降のOLぽい人、子ども、みんなゆずる気まったく無し。腹の上に腕をのっけたり、つり革にぶらさがったりして腹が出てる事をアピールしても、あからさまに目をふせていたりする。

電車だけでなく、買い物をしてる時にレジで順番ゆずってくれたり、買い物カゴ持つのを手伝おうとしてくれたりするのも、ぜんぶ同世代女子。しかもこれ、別にエコや動物が好きそうな人たちがやっている訳ではない。ごく普通のOLぽい人、学生ぽい人たちだ。

少子化がどうのとか、最近の女子は子どもの育て方を知らないとか、そういうことを言っている人たちは多いけど、「まずお前が席をゆずれ！」と言いたい。これはもちろん妊婦を弱い者あつかいしてほしいと言っているのではない。結局、共感して寄り添えるのは同じ境遇になるであろう人たちだけ、というのが現状なのだ。産むかもしれない人たちしか妊婦の身になって考えられないのならば、妊娠や子育ての社会化とか無理に決まってる。それが無理なら、産むのたいへんなんだし、産む人が減るのはあたりまえだ。

……と、威勢がよいことを書いているが、妊娠する前は、私もやっぱり妊婦の実態を知らなかった。たとえば、言葉。悪露（オロ）とか産褥（サンジョク）とかの妊産婦用語なんて聞いた事もなかった。なんだか流通してる妊婦イメージとはかけはなれた、ドロドロした感じの言葉だし……。そう、妊婦って、やっぱり清いイメージ、母性にまみれたイメージだったのだ。

席ゆずれ！と書いたが、席をゆずればいいという問題でもない。というのは、お腹が重いというのは妊娠期の変化のひとつでしかないからだ。産まない人でも妊娠が体験できるような擬似妊娠ジャケットが開発されているが、そんなので妊婦の苦労をわかった気になるなよ！と思う。私が直面した一番の問題は集中力の低下だった。［＊1］頭や気を使う作業に集中できなくなったのだ。また、疲労や眠気が急におそってきたり、精神的アップダウンが激しくなったりもした。就労し続けるためにも、こういう状態の周知は必要だと思った。これらは個人差が大きいので、柔軟に対応できる施策が必要だろう。

席をゆずってさえもらえないから、出歩くのもおっくうになる。妊婦を街であまりみかけない訳だ。そうして妊婦を見る機会も失われていく。プレ妊娠の「セックス」や、ポスト分娩の「育児」ばかりが情報として流れ、産んだ人の実態がより隠されていく。

私の経験からすると、流布されている妊婦イメージは実態をあまり反映していない。近年、地方自治体などがお腹がめだたない妊婦に対し、マタニティマークと呼ばれる「お腹に赤ちゃんがいます」マークのついたキーホルダー等を配布しているが、そこに描かれているのはパステルカラーのほんわかした母子像だ（写真1と2）。しかしその実態は!?　私の経験＋妊婦専門誌からの情報を総合すると、妊婦は「からだのいろんな部分が毛ぶかくなり、汗を大量にかき、体臭がつよく、爪や髪の毛が早くのび、恥骨結合がゆるんでいて

（そのため歩くとペンギン歩きになり）、痔になっている」という結果となる。これ、キャラにするなら絶対モリゾー（写真3）ですよ。こんな野生丸出しの妊婦イメージが、もっと広がってたら楽しいのになぁ。個人の多様な生き方を社会が保証すべきというならば、妊婦の多様性ぐらい早く確保したいものだ。

ということで、私からの提案。

「出産」じゃなくって「分娩」、「お母さん」じゃなく「経産婦」（理念的にね）。出産の仕組みは性教育で教えている。でも出産後は、いきなり視点が子どもにシフトして、赤ちゃんの成長みたいなのを教える。産む前後の女性の立場はサクッと抜けている。そうではなく、妊娠や出産をしたらこんな風になるって部分にもっと注目してほしい。将来子どもを産む産まないに関わらず、妊産婦の実態や、どういうサポートができるのかってあたりを押さえておかないと、子どもを産んだ人は楽になれない。ちなみにいままで私が話をした人の中で、妊産婦の生態について一番良く知っていたの

（写真１）
地方自治体で配布されている妊婦バッジ「Baby in Me」（2004年当時のもの）。従来の妊婦イメージ。

（写真２）
厚生労働省が2006年に発表した(!?) マタニティマーク。「『妊産婦にやさしい環境づくり』の推進」が目的という。1611点から選ばれたこのマークはピンクが基調。なぜか妊婦の髪型が１と同じ。これも妊婦イメージのひとつか。

（写真３）
私の体験からすると妊婦の実態に近いのはコレ！（イラストは薫薫）。

は人妻&熟女好きの友だち（ヘテロ男性）だった。出会い系サイトで知り合った人妻さんたちから、セックスやカラダの悩みを含め、その苦労をたくさん聞いて知っていたのだ。

それから育児を「共同作業」と言っちゃうのが、そもそも問題なんだと思う。社会で育てるのは必要だけど、そこに無条件で「母親」が入ってるとこが微妙な問題をはらんでいるのだ。子ども一人育てるのに大人二人じゃあ全然ムリ。それを無理矢理二人で分担すると産婦の疲労はサポートされなくなってしまう。産婦の休息と回復、遊びや娯楽。これらを確保した上で、余力を子どもにまわすとすると、ホントに授乳くらいしかできない。逆に言えば、育児にまず力を取られる分、産婦個人の休息や娯楽が犠牲にされている訳だ。「母親」だと、育児の一分担者ではなく責任者って感じになりがち。責任者にするなら、上級管理職として分業体制をオーガナイズするくらいにさせてほしい。子どもがかわいくて育児が楽しかったとしても、妊産婦としての個人的生活とは切り離して考えるべき、というのが私の考えだ。

「次世代育成」の前に産む世代を、「親になる事を支援」の前に妊産婦に注目を。妊娠・分娩・産褥はなかなか共有しにくい体験だけど、育児はバリバリ分業できる。そして、私の実感では妊娠よりも育児を通して生命の重みは実感できる（こんな手間ヒマかかってるなんて、生命は貴重！）。だから、妊婦を聖なるもの、タッチできないもの、として放置するのではなく、もっと身近に感じられるような妊産婦イメージを形成すること、また、実態に基づいた施策の提示が必要だ。女性の偉大な属性というイメージで、ほったらかしにされてきた妊産婦。いまだ、妊産婦は隠されている。

【初出・2004年5月】

註

［＊1］2007年のいま読むと、「集中力の低下」がそのまんま文面に出ているなあ、としみじみ思います。実際、当時は三行分くらいしか集中力がもちませんでした。あの状態から抜け出したのはいつのことか……。いや、まだ抜け切れてない気も……。

女が男を買う、女性向け性感マッサージの実際

＊

小島恭美

私は2004年女性向け風俗の一つである性感マッサージについて修士論文をまとめた。調査は関西圏で活動する約20人の性感マッサージ師（以下、性感師とする）を対象に行われた（「ホスト」と表記または自称している者や「性感マッサージもできる出張ホスト」などは調査対象から極力除いた）。従ってこれからの話は主に私がインタビューを行った関西圏の性感師についてのお話だと思っていただきたい。

性感マッサージは男による女相手のセックス・ワークで、近頃「女性の社会進出の表れ」とか言われてメディアにもてはやされている。女性向け性感は大抵店舗を持たない。だから利用者はネット上で依頼をし、性感師とホテルや自宅で会う。いわゆるデリヘルの様な形式をとる。

人に話をするとまず真っ先に興味をもたれることは「性感師ってどんな人？」ということだ。性感師像をあげると大抵の人は女のセックス・ワーカーイメージとのあまりの違いに驚く。まず、彼らは若くない。20代はほとんどおらず、多くが30代、上は50代にまで至る。そしてその多くが本職で充分な収入を得ている人たちで、決してお金に困ってしているわけではない。また、彼らはいわゆる「イケメン」ではない。ホストっぽい見た目でもなければ、今どきの人でもない。電車の中で毎日見かける普通の人たちと同じだ。そして、彼らのほとんどがどこにも属さず一人で活動しているのでピンはねするボスもいなければ

何に強制されるでもなく、好きに休んだりやめたりすることができる。

また、彼らの多くがお金に執着していないことも大きな特徴の一つと言える。女性向け性感の値段は非常に安い。時間制限を特に持たないものも多く、その値段は安いと3千円程度からある。また、初回完全無料というものもちらほら見受けられ、ここまでくるともはや「ワーク」でも何でもない気がする。女向け風俗が男向け風俗とは全く体質の違うものだというのが分かるだろう。

毎日通勤電車の中で見かけるような普通のおじさんタイプの人にわざわざ金を払って性的行為を買う女は「もてない女」か「淫乱な女」と想像されがちだが、実際はそのどちらでもない。もちろん中にはそういう女性もいるかも知れない。しかし、性感師の話の中にも、私が実際インタビューを行った女性の中にもそういうタイプの人はほとんど見られず、驚くほどきれいな人や、彼氏や夫といい恋愛をしている人も含め、こちらも「普通」の女性がほとんどだ。

女性向け性感を利用する女性は大きく三つに分けることができる：①「イクことが目的の女性」、②「セクシュアリティーを確認しにくる女性」、③「特別なプレイを求めてくる女性」。「イクことが目的の女性」は利用者の大半を占める。性感師が時間制限を設けないのはイクまでの時間が人によってまちまちなことが理由に挙げられる。この「イク」ということは利用者の多くが目的としているものだが、同時に性感師が目的としているものでもある。性感師は自分のHP上でいかに自分がイかせ上手かを語り、女性が掲示板などで「イッたことがないんです。イかせてください」などと頼むやり取りが頻繁に見受けられる。一方で②、③は性感師にとって異例の客で、イかせることが目標である性感師にとっては②や③のように必ずしもイク必要がない客に対しては自分たちの売りである「イかせ上手」の手腕を発揮できないことの苦痛を覚えたりする。②の「セクシュアリティーを確認しにくる女性」は簡単に言えば、自分がヘテロセクシュアルなのかホモセクシュアルなのかを確認しにくる。例えば、男に興味が持てない女性が自分の性に疑問を覚え、自分は同性愛者なのかを確かめにきたという事例を挙げることができる。③の「特別なプレイを求めてくる女性」として一番多く挙げられたのがSMプレイを経験してみたくて来る女性だ。他にはアナルを開発したい、レイプされるようにしてみたいなどがインタビューで語られた。

三種の女性の共通点は「普段とは違う性的行為」を求めているということだ。つまり、普段「恋愛において」している性的行為とは違うということで、実際彼女たちは性感師を「恋愛しなくていい相手」と言う。恋愛しなくていい相手だからこそ外見など二の次なのである。利用者の多くは「安全そうであればいい」、「テクがあればいい」など、ビジュアルに高い理想はない。また、性感師の値段が比較的低いことからも分かるように、性感師は金にこだわらないが、利用する女性は金を払いたがる。彼女たちはあくまでも性を「買う」ことにこだわる。

私は性感を「金によって愛を排除する性的行為」と結論付けた。男の風俗が頻繁に「擬似恋愛行為」といわれる一方で、女の風俗である女性向け性感に求められているのは「脱恋愛」なのではないか。ヘテロ男性との関係において、女は金を払われることに慣れているることはあっても、払うことには慣れていない。女にとって金を払う性的行為は、完全に「恋愛」から切り離される。恋愛から切り離すことで可能なのは、恋愛という駆け引きから逃れたただの「性」なのではないか。性感師との性的行為では、「女性自身が性感師に、自らもイキたい／イク必要があるということを強要できる」、「乱れることができる」、「好きなプレイができる」、「演技しないで済む」など、恋愛を性から切り離すことで可能になった駆け引き抜きの自分本位の性的行為が語られた。これは利用者がいかに恋愛における性的行為で自分の欲求を抑圧しているかを示していた。

好きな時に男が買えるなんて悪くない世の中だと思っていた私は、この結論を得て愕然とした。女のオーガズムとか、新しいプレイとか、「女も性的行為を楽しむ」というスタンスはこの頃女性誌でも頻繁に紹介されているのに、実際それらは「恋愛」という枠の中に居場所を見つけられなくて、こんなところにいたのね、と。
一人の彼氏と長年付き合ってきた私は、駆け引きのなくなった恋愛関係において、自分も楽しめるセックスを臆面もなく彼に求めてきた。だから私はこの結論を得た当時、これをどこかで遠巻きに見ていたのかもしれない。近頃その彼氏と別れてぼんやり思うことは、次の人とのセックスでも同じようにできるのかしら、恋愛に縛られた解放できない性的欲求に苦しむのかしら、演技とかしちゃうのかしら、ということだ。駆け引きのない恋愛を手放して、初めて実感をもって自分の出した調査結果に向き合うことになった。

【初出・2004年7月】

「一番《ナンバーワン》」でも「唯一《オンリーワン》」でもなく

＊

浦島花子

２００３年は槇原敬之作詞作曲、ＳＭＡＰが歌う『世界に一つだけの花』が大ヒットした。ところで、これほど毀誉褒貶激しい大ヒット曲は無いのかもしれない。友人知人の多くは批判や違和感を表明。否定的な見解は「一人一人がそのままで価値がある、という意味の歌詞が気持ち悪い」という点に集約された。

歌詞の偽善性を喝破した人もいた。その大意は「花屋の店頭に並ぶ段階で選択されている。その辺の雑草を花屋で取り扱うわけない。花屋の花はそれなりの水準をクリアした美しい花だけだ。その辺のどうでもいい花がオンリーワンとして認められているのか？」というもの。私も「これを歌うＳＭＡＰは恋人として、ただのブサイクを決して選ばないだろう。だいいちＳＭＡＰは超人気アイドル。その辺のにーちゃんがＳＭＡＰに入れるはずもない」と釈然としなかった。人気グループＳＭＡＰの『世界に〜』を歌う姿まで心にもない謙遜をしているように思えてしまい（偏見かもしれんけど）、素直に歌を聴けなかった。

さて、この歌詞の意味が把握できた時、真っ先に想起したのは陶智子『不美人論』（平凡社新書・２００２年）のまとめ方だった。陶は「顔が一人一人違う不美人の個性」を称揚した。それは『世界に〜』の歌詞にとてもよく似ている。そしてそれゆえに納得できない。陶は幼少期から自分の容貌を否定的に評価する祖父母の言葉を心に刻んできたという。『不美

TOCT25441

VICL35477

右）スマップの歌うマキシシングル『世界に一つだけの花』（2003年、ビクターエンタテインメント）のジャケット
左）槇原敬之の歌う『世界で一つだけの花』が収録されたアルバム『EXPLORER』（2004年、東芝EMI）のジャケット

人論』にはそうした具体的場面が記されている。それはまるで私の幼少期のようで、胸が疼き、惹かれた。だがそれ以外の陶の論調には頷けないことが多々。最大の疑問は、ブスの個性を称揚して果たして何になるのか、という点。美男美女も一人一人顔が違う。それでも皆それぞれ美しく、決して醜くない。同様にブスやブオトコも一人一人顔が違うのは当たり前で、なおかつ皆醜い、という範疇に入ってしまう。「一人一人違う」って言ったって何の解決にもならない。それは哀しいことだが事実だ。美醜差別は——善悪は別として——存在している。だいいち私自身も同じ中身だったら、美しい人の方に目が向いてしまう。仕事上、付き合い上、そういうことを前面に出さない矜持を持ちたいだけだ。社会的にも、ブスはアイドル歌手にも主役をはれる美しいヒロイン女優にもなれない。ブオトコも然り。少なくとも芸能の分野では美は才能の一つなのだ。残念ながらブスにはその才能が無い。『世界に〜』や陶のような個性称揚はブスにとって切実な問題解決にはほど遠く、慰め以外の意味はないんでは？　ブスにとって重要なのは、差別ある状況でどうすれば生きやすくなるか、ということに尽きると思う。

じゃあ「美醜差別はイケナイ」と訴えればいいか、というと、そうは問屋が卸さない。そうした「正論」（↑フジ・サンケイグループの雑誌にあらず）を美醜差別をする人々に訴えても、有効な解決策にはならないだろう。唯一いけそうなのは、美醜と深く関わらない才能を要求する職種、例えばプログラマーとか、で採用差別が行われるのはオカシイ、と訴えること。ブサイクでもプログラミングが速く正確な人の方が、美しいだけの人よりも雇い甲斐があるだろうから。それでも同じ能力ならば美しい人を採用する、と言われたらどうしたらいいのか。また、美醜が才能となってしまう芸能分野などでは何を言っても無駄どころか、マイナスにしか働かないと思う。

非常に難しいのは、銀行の窓口係、予備校や塾の講師、販売や営業のような、対人関係がそこそこ重視され、そのため美醜がある程度稼ぎに反映されてしまう職種における就職差別だ。これは障害者雇用の問題とも通じる。障害の部位と程度によっては仕事の効率が低い場合もあるし、顔面障害の場合は醜貌と似た対人関係の困難が生まれることもある。経済優先の世の中では必然的に稼ぎの良し悪しに関連する採用基準が生まれる。こういう世の中全体を変えるような策を打ち出すのは難しい。よしんば策があっても、それを実行するのは更に困難をきわめる。だから今ここで悩んでいる稼ぎの悪い人はどうしたらいいのか、という問題が必然的に生まれるのだ。

もっと難しいのは異性愛者の結婚や恋愛における美醜差別である。小倉千加子が『結婚の条件』（朝日新聞社・2003年）で指摘したように、そうした場面では女に美が求められる。これを小倉は「結婚とは（女の）カオと（男の）カネの交換」だと表現する。そーゆー本音のところで「美人が好き」という気持ちを、「美醜差別はイケナイ」という倫理一本槍で覆らせるのはほぼ不可能だ。

こうした現実の苦しみを訴えたのが藤野美奈子と西研が語りおろした『不美人論』（径書房・2004年）である。奇しくも陶のと同題名だが、内容はかなり異なる。藤野はブスの苦しみを具体的に語り、簡単に変わらない現実を踏まえた上で、ブスはどう生きたらいいのか、ということに軸足をおく。例えば「（美人が得で、ブスが損と）いう世間の不条理をある程度はしかたないと受け入れて、つぎを考えていくほうがずっとブスにとって利がある」という藤野の言葉は重要だ。その上で藤野は美醜差別だけの社会への疑問を捨てていない。だから私は「キレイ事で終わらず、その上現状追認だけにも陥っていない藤野版『不美人論』の方が深いし、真摯だ」とグッときてしまった。

一方、人間は外見だけではない、というのも真実である。どんなに美しくても、中身がダメな人は深く付き合えば付き合うほど、ガックリしてしまう。「メッキはがれ感」が強すぎて美がかえってマイナスになることもある。逆に、醜くても人格や知性に秀でている人は付き合いが深まるにつれて外見が気にならなくなる。また、どんなに美しくても老いは確実にやってくる。老人でも美男美女はモテるようだが、老成の美は、ただ外見がキレイなだけでは得られず、内面も強く効く。私もここに希望を見出す者である。

だが、安易に「人間外見じゃない」「不美人も個性的で美しい」「ナンバーワンよりオンリーワン」と強く言えないことも事実だ。「中身も大事だけど外見も大事だ」という人間の本音が変わらない限り、外見はある程度重視され、それゆえに美醜差別も起こってしまうのである。善悪や理想は別として。人間とはそういう罪深い存在なのだろう。

それに、外見だろうが何だろうが「ありのままでいい」と認められることなんて滅多にない。橋本治の言う「個性とは傷を回復する過程で生まれる悲しいもの」［＊1］という言葉は重い。傷は傷のままでもいい、という考えもあるが、それだけでは人間関係における苦しみを軽減するのは難しいように感じる。だから私個人は中身なり外見なりをそれなりに「磨く」ことは重要だと思ってしまうのだ。磨き方は単に化粧をすればいい、というものでもない。内面が外見ににじみ出ることだって実際にある、と感じているから。

2004年8月、槇原敬之本人が歌う『世界に〜』がラジオに流れている。彼の美声は音痴のSMAPを遥かに凌駕する。そして哀しいことに外見は真逆。美醜の不条理を槇原の歌声に感じながら、以上のことを考えた。

【初出：2004年9月】

★その後のこの話

『世界に一つだけの花』は2006年12月、文化庁の「親から子、子から孫へ〜親子で歌いつごう 日本の歌百選（実際は101曲）」にも選ばれた。2007年2月現在も学校の行事で使われたり、ラジオで流されるお化けヒットソングとなった。うーんそれで良いのか……

註

［＊1］『考える人』（新潮社）2004年冬号所収の連載「いまわたしたちが考えるべきこと」最終回

子育てカリスマにひざまづいて考えた二、三のこと

＊

松坂あまら（野良フェミ）

最近、人里にクマが現れる騒ぎが続いていますが、みなさんのところは大丈夫ですか？

こちら子育て界も例外ではありません。さて、上からワラワラ降りてきている、「子育てのカリスマ」について。

東京近辺の高偏差値ママは、出産育児の学習にも余念がありません。例えば、出産場所にも流行りがあり、「フランス料理とか高度医療（メカ好きなのか？）が売りの高級産婦人科」もしくは、「自然回帰型の助産院」が人気。（実家に帰って産むなんて愚鈍すぎる！てワケ）

私だって知恵つけて助産院で産んださ。で、そこで知り合ったママ達みんな「スリング」というナナメがけのダッコヒモを使用。まるで修行僧の集まりのようで圧巻です。このスリング熱も、いつかスタレル日がくるのか？と思うと感慨深い。そう、そのママ達のネタ元が「子育てのカリスマ」達。各メディアで生活露出している雅姫（まさき）、千秋（期待してます［＊1］）よりもうちょっと身

（イラストも著者）

近なとこで、大葉ナナコ（桃の花クラブ［＊2］）、吉岡マコ（マドレボニータ［＊3］）あたりか。セミナーなどで実際出会える距離感が大切です。彼女達は総じて、良いおうちの出身（代々育児評論家）高学歴（東大とかね！）、だからこそ、夫の存在が希薄（シングルマザー、夫も二人目とか）でもやっていけるという具合。そんな「特別の女」を目指して「フツーの女」が昇る、昇る。だけどその高低差あっての御商売、ガンバレば、ガンバルはど、その構図を補強する結果になっている様でセツナイ。乳児抱えて不自由なのは当たり前なのに、自立した女の一言に、弱くなっちゃう時なんだ。さて、その「教え」の中身の「ベビーマッサージ」「産後のヨガ」「ホメオパシー（西洋民間療法）」等は新しい知識。「良い母乳の為の食事、楽に産む体位」なんかは、助産婦と、おっかあ達が残してきた昔ながらの知恵で、これはとても役にたつので有り難かったし、お勧め。が、これもカリスマがピンハネするから、価格高騰で困る！（まるで遺伝子組換えモンサント！　グローバリズム反対！）。

それでも、人が集まってしまうのはなぜか？　だって乳児抱えていける場所といったら、大人がお茶一杯飲む場所もない図書館、児童館のトイレ臭い乳児室、後々全く仕事にならない内容の市営の託児付きママ講座、というなんとも色っぽくない所ばかり。引きこもりの早期教育、どんどん母子は別世界へ〜。母子ワールド哲学〝子供をそのままで受け入れてあげて〟とか言われても、泥々建築業界出身の私としては、将来それじゃあ食っていけんだろう、とギャップを感じる。

だから私はなるべく昔からの女友だちと遊ぶようにしている。子供の事も見てくれるし、子育てのサバイバル感を共感してくれるのでとってもありがたいのです。特に独身の友達（負け犬とか言うてくれるなよ）はオシャレで刺激を与えてくれる。

気付けば保育所難民になっていたんだよ〜。

話が飛びます、すみません。売血（授乳）をしながら、牢獄（母子密室）で書いてるもんで集中できないのだ。（育児なんてマイナーな苦労みんなにわかんないだろうから、例えてみた。）

噂通り私の住んでいる三鷹市も百人待ちでした。私が何の手も打たなかったからいけなかったのか？　育休とれるイイ会社入って、私立のアブナイ保育所預けた経歴作ったり……と、ぼやいていたら「もし、あなたが亡命しようとしていたら、相手の国のコトを、よ～く調べるでしょう？」と友人に言われてしまった。そうなの。敵は予想以上に敵だったし、そして当事者にならないと腰が動かない自分にも痛く気付くはめになってしまった。

子供を産む前は「世の中で、ニュースで、保育所保育所って、うっせーなー」って思ってた。産んだんだから自分で見ろよって。でも実際は、この緊張感の連続（幼児なんてほっとけばすぐ死ぬから）でおかしくなりそうだから、一時くらい子供を預けたい（ちょっと見てて～といえる御近所もなし）。戦争帰りの兵士が緊張の連続でおかしくなるけど似たようなもん、大汗かく労働は減ったけど神経戦。

そして核家族化で面倒みれるヒトが減ったからといって、自動的に男親のスキルはアップしない。男親問題！　子供ができると、際限なく妻をこき使えるんだ、というスイッチが入るらしい。幼児という面倒な自立しない生き物の世話、汚れ仕事を押し付けて逃げ切る事ができる。その割に、子供に危険だから片づけるよう頼んでも「平気さ」、と育児担当者の意見を軽視できる。私も、置き逃げしたろか、と思ったりするけど、子供が可哀想でできない。先日、栃木で、二組の父子家庭の同居世帯の二人の幼児が殺された時［＊4］、保育士が指摘してたのは、母から父へ養育が移った時に、着替えを持ってこなくなった、という事。極端な例だけど、ほっといても子供は育つと思い過ぎている。

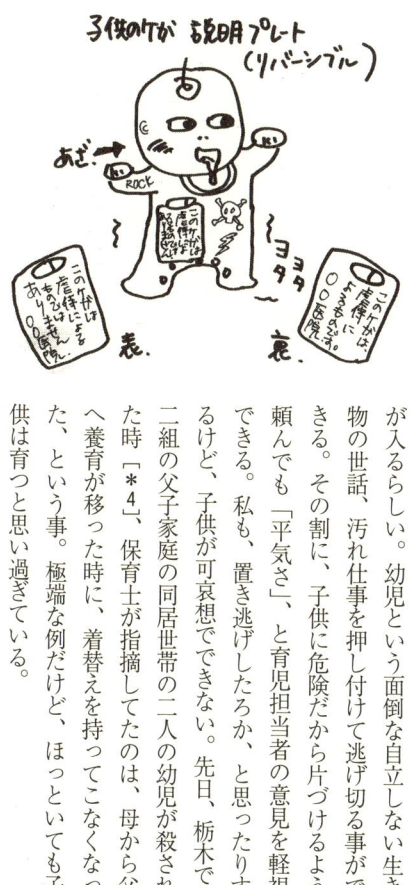

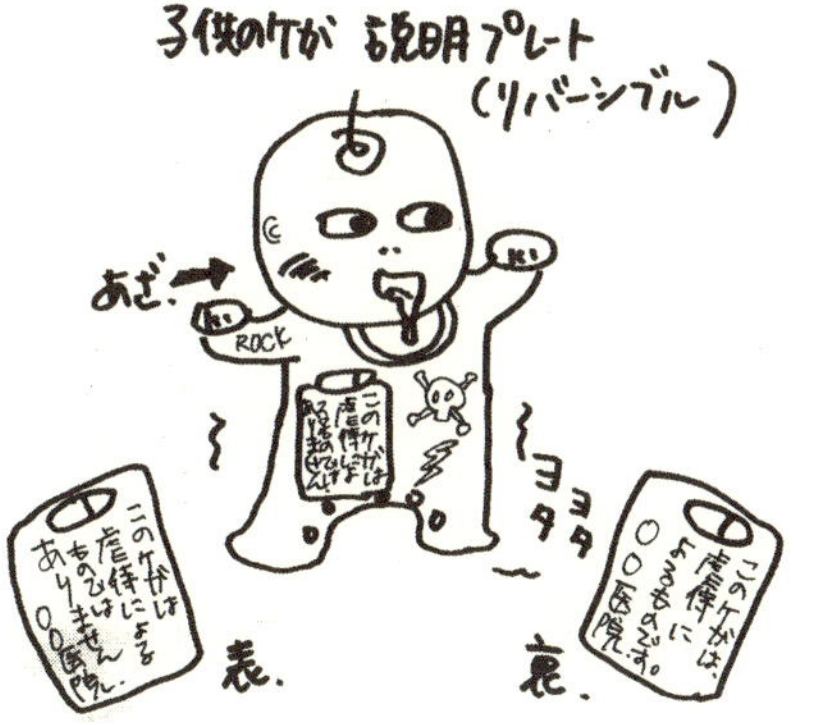

こんな粗悪な環境でも、殺しちゃイケナイ。子供は社会のものだから？　そうやってスカシタ事いってる間にまた一人殺されているんだ。最近は子供の顔にアザなんてあると、電車で乗り合わせた知らない人にまで、「ヨチヨチ歩いてこけちゃったんですヨ～虐待だと思われちゃいますよネ～」なんてボケなきゃいけない御時世……。念の為。幼児保育はむちゃくちゃオモロイ。おっぱい見せると、うへうへ～といって走りよってくる！　クレヨン初めて手に持てば、奇声発しながら書きまくり、興奮して眠れなくなる。いつも楽しそうで感心する。

子供の担当、スキルのない人は降りてもらって人員再編できる仕組みが必要です。と以上の話、学者フェミニストが言うと、〝家父長制の家族解体～〟？　なんて四字熟語か漢文か？　って感じで、無学系フェミの私にとっては意味プーなんだ。でも〝フェミ〟というキーワードで知り合えた友人は、話がよく通じるんでやっぱり〝フェミ的〟。

【初出・2004年12月】

註

［＊1］千秋オフィシャルホームページ　http://www.chiaki7.com/

［＊2］大葉ナナコについては「妊婦のカリスマ　大葉ナナコ　バースコーディネーター日記」
http://oobananako.cocolog-nifty.com/blog/

［＊3］マドレボニータプロジェクト代表・吉岡マコの個人ブログ「うつくしいはは通信」
http://yoshiokamaco.cocolog-nifty.com/blog/
マドレボニータ（美しい母）プロジェクト　http://plaza.rakuten.co.jp/madrebonita/

［＊4］2004年9月、栃木県小山市で、父子家庭の幼い兄弟が、同居する同じく父子家庭の父親に殺害された事件。兄弟の父親は容疑者の中学時代の先輩で、子どもたちとともに容疑者宅に6月から居候していた。生活費をめぐるトラブルが原因とみられる。

フェミ的にオススメのコーナー

執筆者よりここ10年の
フェミ的にオススメなものをご紹介。

！荒木菜穂のオススメ

マンガでは、玖保キリコ（小学館）の『バケツでごはん』（少し10年超えますが勘弁）。いろんな葛藤を経て妻を職業人として誇りに思うようになる若者、女らしさへの憧れと疑問に揺れ動く女の子、恋に戸惑う自称フェミニスト。フェミ周辺を生きる「普通の人々」の気持ちが見え隠れして面白いです。音楽ならブロンディの『THE CURSE OF BLONDIE』（ソニー・2003年）。アンチポルノの文脈でもしばしば（犠牲者的に）取り上げられた70年代のセックス・シンボル、デビー姐さんが60歳を目前にして超現役。来日公演も凄かったです。あたしの「セクシー」はあたしのもの！て感じがカッコいい～!! 本では、荷宮和子『なぜフェミニズムは没落したのか』（中公新書ラクレ・2004年）が、フェミニズムの「いやな感じ」についてよく説明されていると思いました。80年代に青春時代をおくられた著者のリアルには世代的にいまいち共感できないですが、文体に反して、結構内容はフェミ的。じゃあフェミニズムって結局何？て考えるきっかけにもなります。

！陰毛如来のオススメ

まずは『長靴下のピッピ』（岩波少年少女文庫）。馬を持ち上げるほどの世界一の力もち。片方ずつ色のちがう靴下。成長してもはけるよう大きなサイズの靴。おまわりさんと先生がだいきらい。権力をいつもへりくつと機転でうちまかす。破天荒なこの物語は当初どこも出版を躊躇したとのこと。私が思うフェミの条件とは、「体がうけつけないことはしない。」「すきなことをすきなようにする。」「孤独を嘆かない。」「自分のやり方をほかの人におしつけない。」ピッピはすべてかなっています。どこの児童図書館にもある、買ってもたった680円のこの本で、わたしのフェミ要素の60%ぐらいは成り立っています（この10年の間でのフェミものというしばりをやぶってしまいましたが　かつて放映されていたドラマのDVD-BOX『長靴下のピッピ　世界一のおてんばBOX』（アスミック）が最近、発売されたらしいのでゆるしてください）。あと『女掠屋リキさん伝』（水田ふう・向井孝著　2006年　http://www.ne.jp/asahi/anarchy/saluton/index.html）。昔のアナキストのはなし。子供の頃、賽銭箱をあさっては被差別部落の子供達にお菓子をふるまったり、自分の子供に「裕仁（ヒロヒト）」と名付けては、しばしば不敬と憲兵隊によびだされる。取調べでは「いま頃は私のお乳を欲しがって裕仁（ヒロヒト）が泣き叫んでいることでしょう」「裕仁（ヒロヒト）という名前の子供に乳をやるのはまかりならんというなら、それこそ不敬や」と切りかえすすばらしさ。そんな風に、ありきたりのもの、埋もれてしまう無名のものの中に、フェミはちりばめられてるので、今日も爽快です。

！浦島花子のオススメ

マンガでは新井英樹さんの描いた『ザ・ワールド・イズ・マイン』と『キーチ!!』（ともに小学館）と『愛しのアイリーン』（大都社）。話の中で描かれたジェンダフル？　なことが矮小に見える程、凄い話ばかり。命が爆発するようなマンガ。「生きる」ってことは、こんなことなのか、と分かる。フェミも生きる思想、生きるための思想なら、新井さんのマンガも同じ方向！　マンガ以外の書籍では西洋史学者・阿部謹也さんの一連の著作がオススメ。フェミ的問題だけでなく、差別問題は阿部氏の言う「世間」問題とピッタリ重なるからです。非人権論的男女平等を唱える呉智英さんもイイ!!

❗キグのオススメ

ミュージカル映画『シカゴ』（2002年）は、美しく清楚で努力家の女性は犯罪なんて犯す訳がない、もし犯したとしても同情すべき哀れな理由があるに違いない、という世間の思い込みを裏手にとって無罪を勝ち取るショーガールの物語。犯罪者の役を演じる女たちのダンスは見物です。20代前半の私のバイブルはやっぱり『遥かなるバークレイ』（サラ・デビットソン、河出書房新社・1984年）。60年代アメリカを思い思いの方法で生き抜いた若い女たちの物語。大学寮で知り合い、青春時代を共有した仲良し女子グループが、時間の経過と共に主義や趣味がかわっていき、お互いの事を気にしながらも、少しずつ心が離ればなれになっていってしまう。しかしそれぞれの方法で必死で生き抜いている姿がまた格好いい。一人は活動家、一人は芸術家、一人は新聞記者へ。時代は違えども22歳に読んだ私には妙に共感を覚えた。当時女子四人でルームシェアをしていた私は、この本を読み、連帯する事を覚え、同居人とデモや集会に出かけたっけなぁ。是非とも読んでみて下さい。

❗小菅由美子のオススメ

漫画『ときめきトゥナイト』（池野恋、集英社）は私にとってまさに恋のバイブル。フェミ的論点もふんだんにちりばめられている。映画『嫌われ松子の一生』（2006年）は『ときめきトゥナイト』の蘭世が一歩間違ったら……というシニカルな良品。

❗滝波リサのオススメ

フェミでリアルな売春婦モノを紹介します。ヘルス嬢ちひろの生活をえがいた『ちひろ』（講談社・2001年）。風俗に対するちひろの姿勢が共感を覚えます。最終話が年代を超えたシスターフッド全開で感動。時代はさかのぼって江戸の遊郭を描く『難波鉦異本』（2巻まで刊行、少年画報社）は大阪新町の遊郭で働く女郎の様子を、遊女お付きの少女の目を通して描いたマンガ。遊郭礼賛でも否定でもない描き方がうまい。ドキュメンタリー映画『ダーウィンの悪夢』（2006年）は、グローバリゼーションや環境問題が、どのようにその地域の売春婦とつながっているかを見せてくれます。映像がSFちっくでむちゃくちゃかっこいいです。

❗ドラヒップしじょうのオススメ

私のぐっとくる漫画は、吉田秋生の短編集『夢みる頃をすぎても』『河よりも長くゆるやかに』（ともに小学館）です。70年代後半〜80年代初頭の作品集で、時代の空気が満載。まず高校時代にこの漫画を夢中になったのです。そして数年前に再び読んだのですが、いつ読んでも色褪せない。この作品集にはキラキラした魔法の粉がかかっています。どこにもないような、どこにでもあるような、もしかして自分の心の中にしかない風景？を見ている気持ちになります。ああせつない、なんだか生きていてよかった。そして読後には、荒井由美の「やさしさに包まれたなら」（1974年）を聴くことをおすすめします。この合わせ技で休日を過ごしてみたらいいんじゃないかと思います。うわー、いいわ。

❗ 薫薫のオススメ

ピアソラたちが作曲したアルゼンチン・タンゴがステキ。彼らの曲をバンドネオンで奏でる小松亮太のベスト版、何度も聴いてます。元々タンゴはヘテロチックだけど、力が出てくるし、静かな曲は心も休まる。テレビでは本書で書いたようにNHK教育の『高校講座　家庭総合』が意外と面白い。家庭と社会の繋がりを実感させる講義を女の先生だけでなく、男の先生もするし、内容も高度で飽きません。他の科目も一教科に複数の先生が登場。ハマるとクセに。「わっぱの会」の障碍者が作るパンとお菓子もめちゃ美味い！

❗ 武石藍のオススメ

外タレ女子のインタビュー記事ってどうしていまだに「〜なのよ」「〜だわ」って昭和口調で訳されるのかしら？　そういうのが似合うキャラに限定して使ってほしいわよね。例えば、最近Youtube.comで見つけたイタリアの踊る小林幸子、**Raffaella Carrà**。彼女の70〜80年代の映像はとってもチャーミングでステキ！　ディスコでミュージカルなステージングなのよ。私も金髪ストレートにして踊りたくなっちゃったわ。さあみんなも、レッツ昭和女子プレイ！

❗ 竹下美穂のオススメ

テレビ番組「NHKスペシャル　松田聖子 女性の時代の物語」（2007年4月放送）：アイドルを27年間やってきた一人の女性が45歳の現在何を考えているかを探ると同時に、聖子を熱烈に支持する同世代の女性の行き方を描いている。一昔前の古くさいフェミだ、という批評も一部あるが、単純に80年代は女性が生きにくい社会で、90年代もやっぱりバッシングされ、そして今だってまた同じように女子は悩んで迷って、それでも諦めないでもがいている、そのエネルギーはどこから来るのだろう、そして日本はなんて生きにくい世の中なんだ！と、考えさせられる番組。

ミュージカル「エリザベート」：ウィーンミュージカル。日本では宝塚歌劇団が度々上演。東宝版もある。ハプスブルグの皇后が政治に利用されつつ自由を求めさまよう半生を描く。少女が大人になる物語といってしまえばそれまでだが、自分の生きる意味を探し、時代や周囲（姑、因習、子や夫）から逃げ続け逃げ切れず、死と共に自由を手に入れる結末は重い。宝塚歌劇という「模倣だがずらされたジェンダー」の世界で魅せることに実は意味があるといえるのでは。

音楽　沢知恵『いいうたいろいろ』（東芝ＥＭＩ・１９９８年）：カバー曲だが「逆関白宣言」は歌詞アレンジが心にくい。「こころ」他オリジナル曲も印象的。彼女の出自を知らなくとも、心静かにうたを聞くだけでことばのつむぎ方、声の抑揚、息づかいが心に響く。彼女が越えようとしている境界線は多くの人が見えないうちにはりめぐらし、この世を複雑で歩きにくくしているラインなのではないか。

！長山智香子のオススメ

リン・ラムジー監督の『モーヴァン』（Morvern Callar、２００２年）は、映画の文法や美の基準をフェミ的な方向で変える可能性に触れさせてくれました。時間感覚や色の感覚が斬新でした。ボーイフレンドの死、ダンスパーティー、親友との旅行……、淡々と夢のような現実のような日々が綴られて行きます。断片的に結ばれて行く主人公モーヴァンの意識はどこか気怠い感覚に彩られていて、強靭な肉体と行動力でストーリーを引っ張るアクション映画の女性主人公たちとは対照的です。「能力が同じ」であれば女も男も黒人も白人もアジア人も平等に評価しよう、その代わり「役に立たない」奴はどんどん落ちぶれてくれというネオリベラリズムが蔓延する昨今、社会はわたしたちに闘う自由を与えると見せかけて、闘わないでいられる自由を奪っているように思います。『モーヴァン』は別に誰の役に立とうとするのでもない。知恵と勘を働かせながら不幸と幸せを生きているなかで、社会では暗黙の了解になっているルールを破ったりズラしたりしてしまう。フェミ的主体性のひとつの描き方だと思いました。低予算の作品であまり広く公開されていませんでしたが、観た後でここまでの爽快感を得た映画はあまりないです。ぜひご覧になって、次世代フェミ映画の需要を供給会社やDVDレンタル業者に知らせてください！

❗ 麻姑仙女のオススメ

田原牧『ほっとけよ。～自己決定が世界を変える～』（ユビキタ・スタジオ発行、KTC中央出版発売、2006年）、田中玲『トランスジェンダー・フェミニズム』（インパクト出版会、2006年）、パトリック・カリフィアほか『セックス・チェンジズ～トランスジェンダーの政治学～』（作品社、2005年）。どれも性別移行やTGという存在がフェミニズムやジェンダーフリーとどんな関係にあり、どう共闘していくべきかを論じた意欲的好著。特に田原の著作は、新保守主義・国家主義・市場原理主義・家族主義をも俎上に乗せた点で出色。

❗ 松坂あまらのオススメ

フェミ的に最近よかった連ドラ。『デスパレードな妻たち』というアメリカのもの。郊外で子育て専業主婦に転身した女たちの壊れっぷりが見所。一軒家を守る主婦、子育てだけの生活を、かっこ悪く描けるドラマは日本にはないのでは。フェミ的に注目している女優は、寺島しのぶ。ちょっと歪んだ顔で、ギリギリな女を演じきれる、映画向きな人ですね。

！水島希のオススメ

小説では断然、笙野頼子！『母の発達』（河出書房新社・1996年）『説教師カニバットと百人の美女』（河出書房新社・1999年）はモロにフェミですが、私は『太陽の巫女』（文藝春秋・1997年）が一押し。『水晶内制度』（新潮社・2003年）は現在のフェミの方向性を問い直すきっかけになりそう。海外ドラマは『ダーマ&グレッグ』がむちゃいいです。1960年代のヒッピー家庭にそだったダーマと、厳格&保守で裕福な家庭に育ったグレッグの物語。ダーマの両親は結婚制度に反対してる左翼フェミカップルで、移民労働者、上層階級の人、民族的・性的マイノリティなど、さまざまな立場の人たちが一緒に生きるとはどういうことかがコメディタッチで描かれてます。映画では、ダッサい女の子を描かせたら世界一！のトッド・ソロンズ監督作品が激オススメ。特に好きなのは『ウェルカム・ドールハウス』（1995年）と、中絶問題を取り扱った『おわらない物語　アビバの場合』（2004年）です。

今月のフェミ的

*

2005 — 2006

男系男帝に「も」根拠はない

＊

浦島花子

２００４年６月26日未明のテレビ朝日「朝まで生テレビ！」で「徹底討論！　皇室とニッポン」と題し皇室問題が議論された。私は観てないが知人が「Y染色体が父から息子に、更にその息子に……と継承されるから男系男子が正統って話した人がいたよ」と話したお陰で「誰よ？　生物学的知識を持ち出した人は？」と興味が湧いた。その後、議論が収録された田原総一朗責任編集『徹底討論！　皇室は必要か』（ＰＨＰ・２００４年。以下、朝生本と略す）で詳細が判明。Y染色体云々の発言者は八木秀次氏で52〜56頁の発言を要約すれば「天皇は能力や人格に優れているから天皇なのではなく初代天皇の遺伝子継承が根拠。だから初代天皇のY染色体を確実に受け継ぐ男系男子が正統」となる。氏は『別冊宝島・皇位継承と宮内庁』で同様の論を詳しく説明している。余程自信があるらしい。〔＊１〕

氏の論を簡単に説明しよう。大まかに言って、ヒトはY染色体を持てば生物学的な男になる。Y染色体を持たなければ生物学的な女だ。男のY染色体は生物学的な父から受け継がれる。そのY染色体は更にその父（父方の祖父）、更にその父……と男系の男子祖先から代々伝わる。例えば図１のように徳川家康のY染色体は息子の二代将軍秀忠、秀忠の息子の三代将軍家光、秀忠の同父兄弟の息子達（例えば黄門様こと水戸藩の徳川光圀）にも伝わる。だが、家康のY染色体は秀忠の娘達が産んだ男子には伝わらない。同様に、男系男子（息子の息子の息子の……）の皇孫ならば初代男子天皇のY染色体を継承している、となる。また詳細は省くがY以外の染色体が何代も経た子孫に確実に伝わる保証はない。これこそが八木氏が男系男子でなければならぬと主張する論拠である。

しかし氏の意見には問題がある。まずY染色体の継承がそんなに重要か、という点。Y染色体に限らず全ての染色体には遺伝子がパッキングされ、ヒトでは合計2～3万の遺伝子があると言われる。ところが現研究段階ではY染色体上の遺伝子数は約30［＊2］にすぎない。2～3万の全遺伝子のうち、たったの30。1％にも満たぬ遺伝子の継承がそんなに重要か？　しかもY染色体を持たない女も充分生きていけるし、クローン技術が確立すれば女だけ、つまりY染色体無しでも生殖は可能だ。

一方、染色体とは別に、母から娘へ、更に娘の娘へと女系で遺伝するミトコンドリアにも遺伝子がある。男のミトコンドリアは生物学的な母親から受け継ぐが、彼の子には伝わ

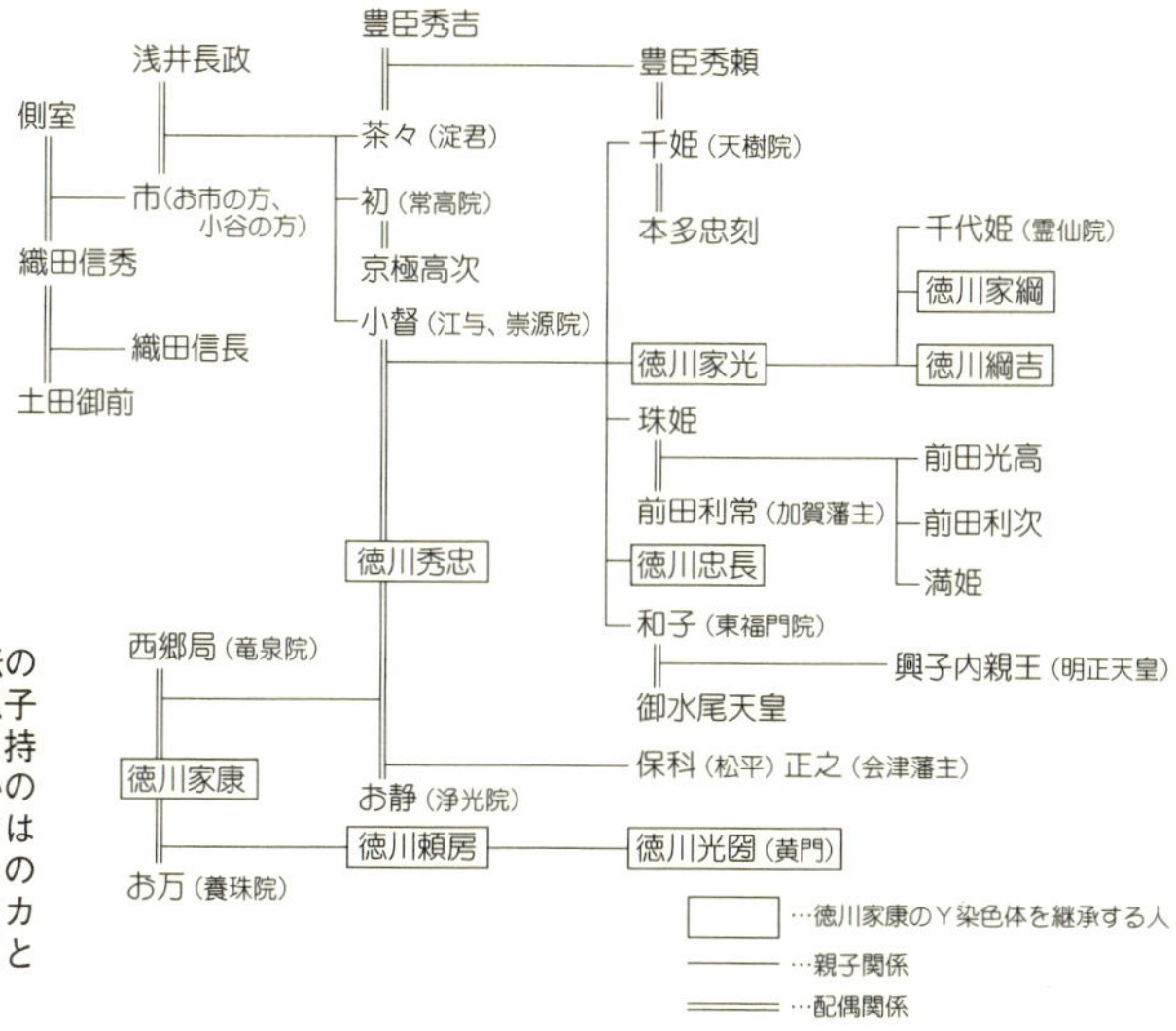

（図１）

Ｙ染色体の父系（男系）遺伝の例。父から息子、そのまた息子へと継承される。Y染色体を持つものは通常女子にならないので、父から娘に遺伝することは無い。系図は簡略化してあるので、血縁・配偶関係の全てをカバーしているわけではないことをお断りしておく。

らない。例えば図2で示すように織田信長の妹である市（お市の方）が浅井長政との間に産んだ三姉妹の茶々（秀吉の側室・淀君）、初、小督には市のミトコンドリアが遺伝している。茶々が秀吉との間に産んだ秀頼にも、小督が二代将軍秀忠との間に産んだ子達（三代将軍家光とその同母きょうだい）にも、全て市のミトコンドリアが伝わっている。だが家光の子には市と同じミトコンドリアは伝わらない。一方家光の同母姉妹が産んだ子（例えば珠姫の子・四代目加賀藩主前田光高）には市と同じミトコンドリアが受け継がれている。

Y染色体と違い、ミトコンドリアには高等生物の生命活動に欠かせない物質を作る重大な役割がある。しかも遺伝子数は47でY染色体よりも多い。［＊2］ Y染色体遺伝で男系が正統だ、というのなら、ミトコンドリア遺伝で女系が正統だ、と言ってもおかしくな

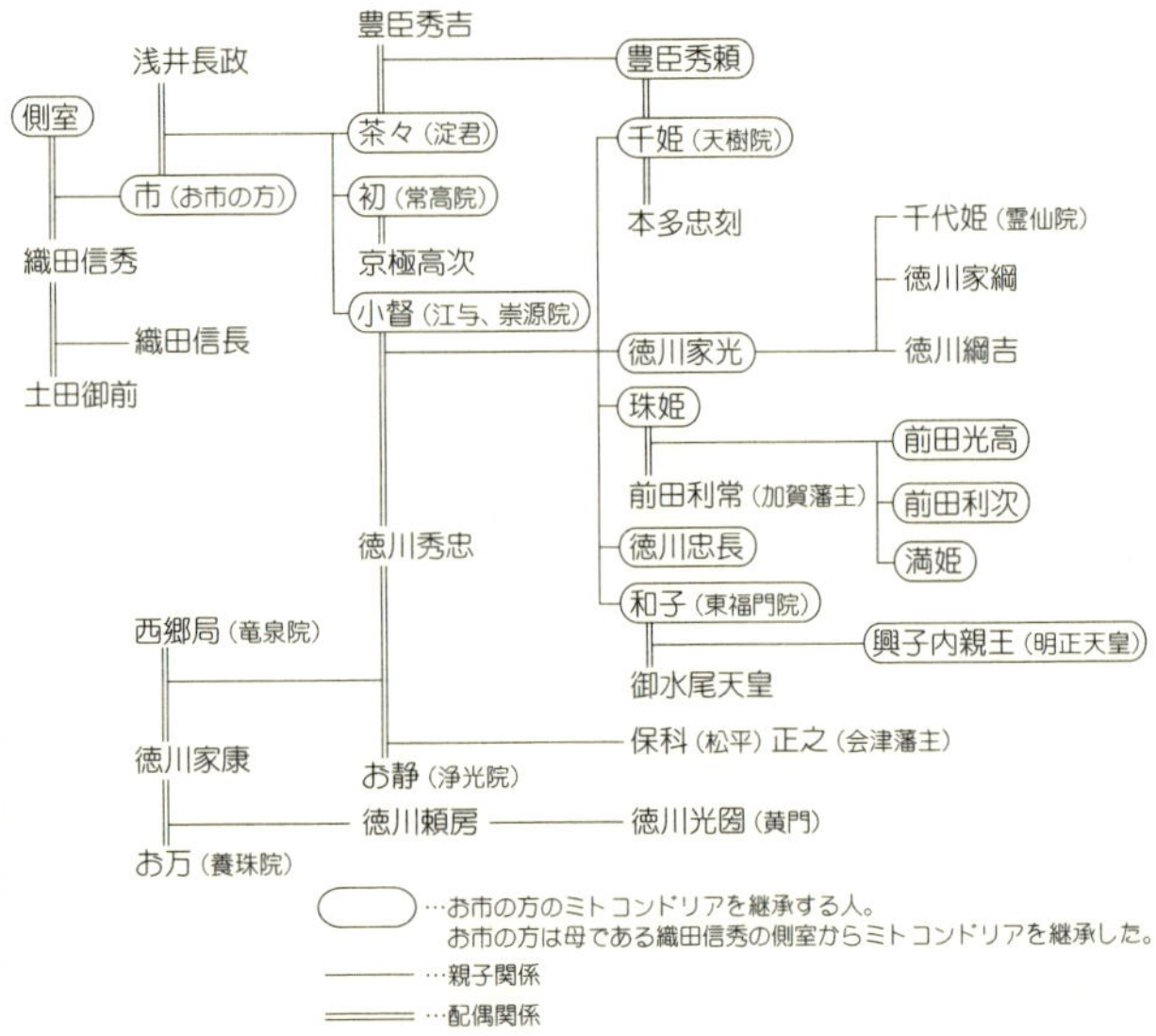

（図2）

ミトコンドリアの母系（女系）遺伝の例。母からその息子と娘、その娘から子へと継承される。Y染色体と違い、ミトコンドリアは性別を問わずに存在するため、母から息子にも伝わる。ただし、男子からその子たちへは遺伝しない。豊臣秀頼と千姫は母同士が同母姉妹なので、母方の祖母であるお市の方から母を経由して伝わった同じミトコンドリアを持つ。系図は簡略化してあるので、血縁・配偶関係の全てをカバーしているわけではないことをお断りしておく。

いんじゃ……〔＊3〕？　大本の皇祖として祭られる神は天照大神という女なのだし。

また初代天皇のY染色体がそのまま同じ形で男系男子に伝わるとは限らない。染色体のうち遺伝情報を含むDNA配列は少しずつ置き換わることが知られている。またX染色体と交叉して内容が大きく変わることもある。継体から数えて約50世代、崇神から約60世代、初代とされる神武からは約70世代を経た今、〔＊4〕初代天皇と全く同一のY染色体を持つ男系男子の子孫は多分いない。代を経れば経るほど染色体が変わる可能性が高まるから、初代天皇に近いY染色体を持つ皇族男子は皇太子よりも皇位継承順位の低い天皇の弟・常陸宮や従兄弟（三笠宮寛仁親王や桂宮）だろう。だいたい現天皇のよりも一世代上の叔父の三笠宮崇仁親王のY染色体の方が初代天皇のに近いと考えられるし。

……というツッコミが次々と浮かぶ。Y染色体遺伝の男系男子でなきゃ！　と言うのなら、何十代も前に臣籍降下し市井人になった男系男子の皇孫が天皇になってもおかしくない。〔＊5〕クローン技術が確立すれば現在の天皇や皇族男子のクローン――ちゃんとDNAが採れるなら御陵から掘り出した昔の天皇のクローン――でもOKになってしまう。果たしてそれで天皇制維持賛成、という人が満足するだろうか？　「それよか、女帝でいいから愛子ちゃんを天皇に」と思う人が大多数だろう。

八木氏がマズイのは合理的思考の科学に非科学的な伝統の後ろ盾をさせようとしたこと。科学的に考えれば天孫降臨神話〔＊6〕や皇族血統の特別さ〔＊7〕に対し疑問を抱くのは当たり前。科学の普及とともに天皇の神性や意義、男系男子優先原則等々への信仰が薄まるのも当然なのだ。朝生本64頁で小林よしのりが「国民感情を慮り時代に合わせるなら、天皇制度は存続できない。いまの民主主義と完全に相反してしまうんだから（要約）」と述べたように。実は多くの朝生論者も男系男帝どころか天皇にも明確な正統性は無いと分かっている。

ところが話はこれで済まない。男女平等主義や民主主義も科学は肯定しない。何故なら主義はあくまでイズム＝説で、イデオロギー、つまり信条や観念に過ぎないからだ。科学的思考は、天皇制はもとより天皇の神性も男系男帝も女系女帝も男女平等も男尊女卑も民主主義も全て肯定しない。宗教、規範、主義、法律、制度……どれにも根拠はない。以前少年が「何故人を殺してはいけないの」と発言し話題になったが、人殺しや泥棒がダメ、という身近な規範にも合理的で正当な根拠はない。禁じないと大多数の人が安心して暮らせないし、あなたも殺されたくないでしょ、としか言いようがない。「安心も不要、殺されてもいい」と反論されればどうしようもない。

じゃあどの制度が駄目でどれが良いのか。誰が、どうやって決めればいいのか。みんなで決めるのが民主主義だけど、それが正しいのか、たとえ正しくても幸福になるか、は分からない。正義の追求が悲劇を招くことはいくらでもあったし、今後も無いとは言えない。原爆投下の米国人も大東亜共栄圏構想の日本人も当時の大多数は正しいと思ったのだから。

フェミニズムも似たような問題を抱えている。小倉千加子氏が上野千鶴子氏との対談（『ザ・フェミニズム』筑摩書房・2002年）で専業主婦を目覚めさせたのが良かったのかどうか悩むと発言したように。上野氏は「それは目覚めた人の勝手だろう」と言ったが果たしてそれでいいのか？

私自身は自分が手にした自由や男女平等の恩恵を感じている。しかしこの思想が万人にとって恩恵かどうか、そして万人を幸福にするものかどうか、については疑念がある。だからこれを押し進めていって良いのかどうか悩む。

【初出・2005年2月】

★その後のこの話

2006年秋篠宮夫妻に男児が誕生。この時大騒ぎするマスコミ報道には引いてしまった。男児が一人生まれても皇室の継嗣問題は先延ばしされただけで、本質は本稿を書いた2005年当時と何も変わっていない。

註

［＊1］八木氏のY染色体論を理解できなかった人も多かった為か、危機感を持つ男系維持論者から生物学の素養が無くとも理解し易い（?）「種と畑」論が出された。それは「ヒマワリの種はどの土にまいてもヒマワリになる。同じ畑に違う種をまけば違う花が咲く。男系はタネを保存し、女系は畑を保存するのと同じ。ヒマワリはヒマワリじゃなきゃダメでしょ」というもので、ネットで散見された。「種と畑」は一般的に下品な比喩。こんな比喩を使う男系論者は本音では皇室を尊崇してないに違いない。Y染色体論は、批判されたせいか、秋篠宮夫妻に男児が誕生したせいか、2007年現在、スッカリ影を潜めた。無論、更にトホホな「種と畑」論も。

［＊2］Y染色体遺伝子数には異論があり、ミトコンドリアよりも多い約100、という報告もある。それでも本稿の論旨には何も影響しない。

［＊3］本文の趣旨を理解してもらえば分かると思うが、私は「ミトコンドリアの母系遺伝を以って、女系が正統だ」と主張したいのではない。「Y染色体の父系遺伝を男系の正統性の根拠とする論」が如何に変かを論じるために、それを反転させた空論に過ぎない。Y染色体やミトコンドリアが遺伝しようがしまいが、天皇の正統性の根拠を科学に求める「自称」保守を批判しているのだ。自称2650年以上、多分1500年少し続いたとする皇室を推戴する保守の近代科学にバックアップしてもらおうという心性が情けない、と言いたい。

［＊4］神武から第9代までの実在は疑問。第10代の崇神以降は実在したかもしれないが、武烈の時に直系皇嗣は途切れ、今の滋賀～福井県に勢力基盤を持つ傍系の継体が擁立された。継体は応神の5世孫というが疑問を持つ学者もいる。

［＊5］敗戦後、南朝の正統子孫を自称し、昭和天皇を相手に訴訟を起こした熊沢寛道の話は有名。ただし彼が本当に南朝の男系男子かどうかは不明である。確度の高い資料に基づいても旧宮家以外にも男系男子子孫が存在する。例えば、江戸期に近衛、一条、鷹司の各家を継いだ皇子の子孫。彼らは南北朝期に分かれた伏見宮を祖とする旧宮家よりもずっと現在の皇室に近しい男系の血縁者である。

［＊6］アマテラスの孫であるニニギが高天原に降臨したという神話。神話はイデオロギー抜きで興味深く、私は好きだ。

［＊7］万世一系の「一系」は疑わしい。註4で挙げた話だけでなく、中世の南北朝並立の事例、古代の天智天皇死去後に彼の息子（大友皇子。弘文天皇）と弟（大海人皇子。天武天皇）が争った壬申の乱、仲哀天皇の死後、何年も経ってから応神天皇が生まれたという不可解な話、などもある。ちなみに弘文は日本書紀に即位の記述は無く、明治維新後に贈られた号。現在は即位しなかったという見方が有力。

星占いをフェミ的に肯定してみる

＊

武石藍（元・星占い好き）

ふたご座は浮気性、かに座は家庭的……と、生まれ日で人を12星座に分類するものと思われがちな星占い。しかし本格的にやってみるととても12分類で収まるものではない。

個人の生年月日と出生時間・出生場所のデータから、その瞬間・その場所の天体図（ホロスコープと呼ぶ）を天文歴にもとづいた専用パソコンソフトで割り出し、太陽系の惑星である水金地火木土天海冥（ただし地動説的に地球を太陽として捉え、冥王星の扱いは降格後も変わらない）および月の位置と関係を分析するのが、本格的な西洋占星術。10コの天体とそれら互いの関係（0度・90度など5種類の黄道上の角度）、および黄道を12分割する星座と地平線に基づく12区分域（だから同時刻でも地点で異なる）を分析上で参照すべき項目＝インデックスとして使うのが基本である（占星術では星座をサインと言ったりするが、ここでは角度なども含めすべてインデックスと呼ぶ）。これら数多くのインデックスには抽象的な意味がつけられており、それらを謎解きのようにつなげて現実味のある物語にしたてるのが占い師の仕事となる。まず生まれた時のホロスコープから性格などの全体像を把握し、特定時期のホロスコープや計算結果とかけあわせて過去・現在・未来の状況を判断するのが一般的な手順。

黄道を30度ずつ分ける12星座よりもさらに細かく1度ずつ分類（＝360コ！）すると か、次々と発見されつづける小惑星（ただし名づけられたものを主に使う）を加えたり、ホロスコープに倍数をかけて加工するなど、やろうと思えばいくらでも細かくマニアックになり、それによってインデックスは増えていく。他種の占いにくらべてインデックスの豊富さと柔軟さが西洋占星術の特徴かもしれない。

出生データをもとに、ユニークな人物像を描き、ユニークな人生物語――ひとりひとりを主人公にしたオーダーメイドの物語――を作成する星占い。単純なパターンに人をあてはめるものではないことはご理解いただけただろうか。

なぜ生まれた時の星の配置がその人と関係があるのか？　月の満ち欠けは多少関係があるとしても、冥王星なんて遠すぎるし、それが人生にまで影響するか？　ごもっとも。でもこの世の中、根拠がないものばかりだし、西暦だって何が根拠だかわかんなくても元旦には気分が改まるとか……まあ改まらなくても一応使ってるし。ということで根拠はひとまずおいてほしい。

いま自分は人生のどこらへんにいるか、過去のできごとと今はどうやってつながっているか、あのわけのわからないできごとは何だったのか（わけのわからないものをわけのわからないもののままにしておければよいのだが、それは相当に辛いことだ）、これらの疑問にまとめて答えようとしてくれるのが星占いである。それが幻想だったとしても、一瞬でもその答えが見えることが貴重ではないだろうか。日々の生活の無根拠さや不連続性には耐えられないから、私たちはきっと星占いでなくても何かには期待する。過去から未来につながることを期待するから、いま何かをやってみるのではないだろうか。

星占いに期待する場合は、まず過去に照らし合わせて当たっているかどうか確かめるだろうけれど、私たちの自分の過去に対する認識は、おそらくかなり柔軟で、当たってると思えば当たってるようにみえてしまうのではないかと思う（身もフタもない言い方だが）。それに、星占いの豊富なインデックスの中にはきっと過去の兆候を見つけ出すことができるし、そこには前後の物語もある。

そもそもすべてのインデックスは象徴的な漠然とした意味を持つことになっているが、

その漠然とした意味は具体例を反映してたえず変化し続けるので、永遠に確定しない。なぜなら占い師はいつも占いの対象としての人やできごとに直面しているからだ。つねに個々のインデックスをもとに物語をつくりだすが、逆におそらくどのような突飛なことでも、天体図の中のインデックスに兆候を見つけ出す。「ああ、この星の配置だとこんなふうに現れるのか」というように。最初は星座物語のようなものだったかもしれないが、個人や事象と関連づけられたとたん、天文学の発達とともに増えるインデックスとのフィードバックが始まって、いままで続いてきたのが星占いともいえるのではないだろうか。

インデックスによる意味づけとインデックスへの意味づけが同時に行われつづける往還運動（言葉の運動そのものだろうか）である星占い。物語をつくり続けるという点では小説や映画と同じようなものなのかもしれない。だが異なるのは、星占いは占い師たちが個人と出会って、その個人を主人公にして物語をつくりあげるということだ。数十年のスパンの変化から、日々のできごと、細かい感情の移りかわりまで、個人を主人公にものがたってくれるものなんて他にはない。

星の配置なんかで私の人生を語ってほしくない、というのももっともだ。たしかに根拠

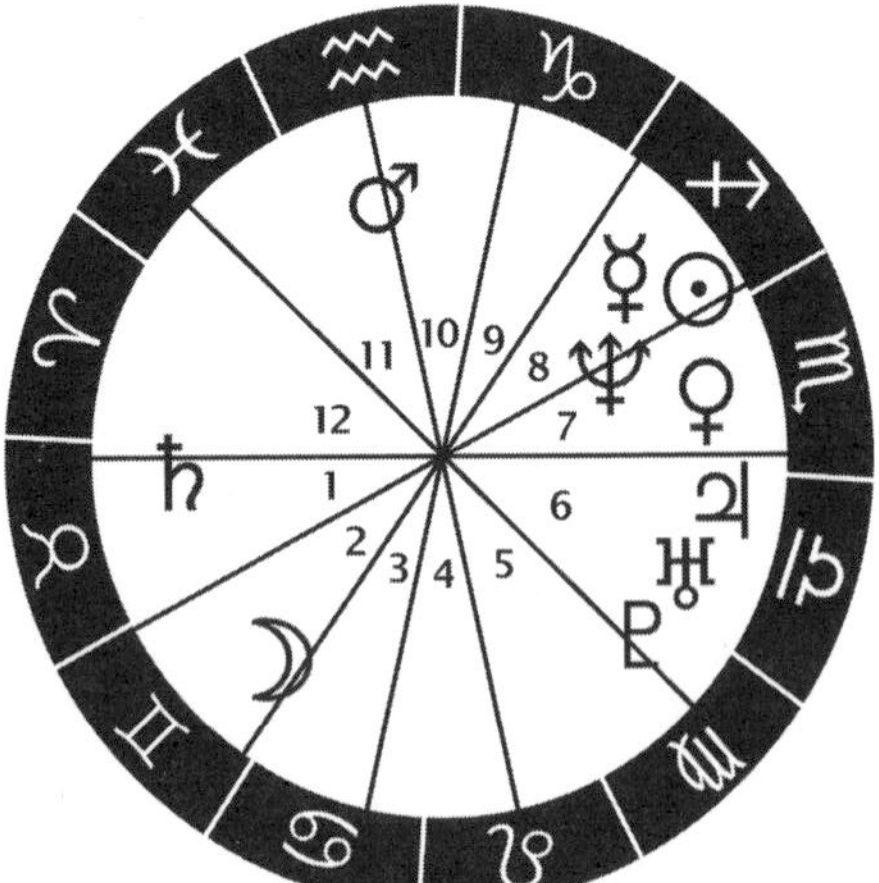

例）☉：太陽、♐：射手

とある獣フェミニストの出生ホロスコープ。
人生の目標を示す太陽が、半人半獣にちなんだ射手座、
および性と死を意味する第8区域にある。
…というように星占いインデックスを読んでいく。

もわからない上に、勝手に意味づけられれば暴力的である。だが、星占いのインデックスは無数にあり、そのインデックスの意味も現実とともに変化し続けていて、多様な物語が生み出される可能性がある。それって私たちの人生そのものではないか？　ここに星占いのフェミ的未来が期待できる。切り口によっていろんな見方があるし、切り口も見方も不変ではない。私たちが生きていることを完璧に記述することが不可能なかぎり、疑似科学だと星占いを断罪することなどできないのではないだろうか。

しかし、そのような星占いダイナミクスは、参加者が「はまっている」前提で成り立つ。私自身は、身の回りのあらゆることを瞬時に星占いインデックスと関連づけずにはいられないほど没頭した時期があったが、やがて心理的に疲労困憊。星のインデックスは多様だが、インデックスが多様であることをふまえれば星に固執することないかも、その他のインデックスを増やしていくのもチャレンジャブルだし楽しいかも！　と思うようになり、もはや占星術ダイナミクスに参加する気は失せてしまった……。

【初出・2005年4月】

性教育とジェンダーフリー教育

＊

浦島花子

2005年5月1日の早朝、性教育とジェンダーフリー教育の是非についての討論がフジテレビ系「報道2001」で放映された。ゴールデンウィーク最初の日曜、しかも天気も好く行楽びよりなのに渋く熱く議論するテレビ画面の中は異次元の世界だった。討論の主となるゲストは反対派として山谷えり子自民党代議士と八木秀次高崎経済大助教授（以下、肩書はすべて当時のもの）、賛成派として浅井春夫立教大教授、村瀬幸浩一橋大講師、入江彰信公立小学校教諭。レギュラーの竹村健一氏といつものアナウンサー男女という固定メンバーも進行役を務めたり意見を述べたりした。

議論は性教育から始まった。「10代半ばで妊娠した子を知ってる」「エイズになってもいいもん。ナマがいい！」「性教育マジにやった方がいいっすよ」などという街角の若者インタビューを挟みつつ、議論は進む。途中、無料性病相談などを独自に行っている六本木の赤ひげ先生こと赤枝恒雄医師が「性教育は必要。履修しないと中学卒業させないくらいにしないと。避妊と性病の知識を身に付けないと命にかかわるんだから」とコメントするビデオも流された。

ところで結局山谷氏も八木氏も「性教育は不要」とは言わなかった。「過激な性教育」に反対しているだけ。彼らは「子供が異性を嫌悪するくらい、過激な性教育をしているところもある」と批判する。確かにまずい。子供を怖がらせるような性教育は教える側の自己満足と政治的主張の押しつけに過ぎない。一方、長年小学校で性教育を実践している入江氏が述べた「私は一度も保護者から苦情を言われたことはありません」という言葉もまた事実。つまり子供を深く傷つけない性教育のやり方はある。私が生物関連の授業をしていて最も気を使うのは性や性病に関する話題だ。先天障碍や色盲などの遺伝的しくみの話と同じくらい学生の関心をひくらしく非常に真剣に聞くからこちらも迂闊なことは言えない（色盲は色覚異常と言い換えられることが多いが、「異常」は「盲」よりもまずいと思う）。

性教育における第一の問題は「過激」の判断基準。これは生徒の年齢や教師との信頼関係の程度、子供の持つ知識や理解力によって変える必要がある。変え方は現場で臨機応変に、としか言いようがないし、単純一律な答えやマニュアルはない。場合によっては山谷氏らが批判する人形を使う必要だってあるだろう。

それよりも難しいのは、性教育の目標設定。「性病の蔓延を防ぐ」「子供たちが性病にかからないようにする」は反対派も推進派も望むところだろう。だが例えば推進派の少なくとも一部の人が持っている「貞節なんてクダラナイ」という意見と、少なくない反対派が持つ「貞節と純潔」重視意見は相反する。子供に「貞節なんて守らなくてもいい。好きな人とどんどんやったらいい」と教えるべきか、それとも「貞節は大切」と教えるべきか。ここの対立は残るからどうしたらいいのか。学校では多くの人が了解できる「性病に罹患しないための科学的事実や方法」を教えるだけ、が私の考えだ。貞節賛成反対は主に文化の問題で、見解が大きく分かれる。学校という公的な場で子供たちに大人の好みを押し付けるのはまずい。

ところで山谷氏が主張する「米国における純潔教育」の効果には疑問がある。浅井氏が反論したように、純潔教育にどれほど効果があるのか。米国の純潔教育推進派が出したデータはどの程度信頼性があるのか。米国で効果があったとしても、文化的背景の異なる日本でも同様の結果が得られるのか。疑問は尽きない。また逆に、人間にある嫉妬心や独占欲を無視した安易な日本流「フリーセックス」にも私は疑いを持っている。

ジェンダーフリー教育も同じ。「男らしさ」「女らしさ」の是非は文化領域の問題だし、意見の一致が望めない現状では、教師の好みを押し付けるのは問題がある。斎藤美奈子『物は言いよう』（平凡社・2004年）には「私的領域」と「公的領域」を分けて考え、「公的領域」ではフェミコードに抵触する言動はまずい、とある。これと同様に文化的領域と政治的領域をある程度分けた方がいいんじゃないか。ただ斎藤が言うように「私と公」を画然とさせにくいように、「文化と政治」もきれいに分けられるものではないだろうが。

ところで「男らしい、とはどういうことを指すのか」と浅井氏に問われた八木氏は「ここで定義させられるとは思ってなかった。私は男らしくしろとは言ってません」と逃げたのは「男らしくない」んじゃなかろうか。普段から「理想の男らしさ」を考えていれば、即答できただろうに。八木氏はあんまり深く考えてないんじゃないのかなあ？　ところで私は「男らしい」「女らしい」よりも「自分らしい」という言葉が苦手だ。それって単なるワガママとどう違うんだ？　違ったとしても、単なるワガママの言い訳に使われることだって多々ある。「自分らしさ」は、以前「『一番』でも『唯一』でもなく」（本書125〜128頁）で書いた「ナンバーワンよりオンリーワン」という「世界にひとつだけの花」の歌詞のいかがわしさと通底している。

性教育もジェンダーフリー教育も科学的歴史的事実の紹介にとどめておけばいいのではないか。その方が子供は自分で考える力を身に付けると思う。例えば、性病の種類や感染のしくみ、とともに性器の構造や発生の仕方、半陰陽［＊1］の人々が生まれる生物学的・発生学的なしくみ、性的マイノリティーの社会的、歴史的な差別や文化史における位置、などを淡々と伝えるのはどうだろう。私の子供時代を思い起こせば、「〇〇しちゃいけません！」「××するといいよ」と教師が言って素直に頷く場合なんてほとんど無かった。だから推進派の出演者が述べたように、倫理を押し付けるより、科学的な事実を伝えた方が「反対派」の人の狙いにも近づくように思えるんだが……。もしかしたら八木氏や山谷氏は子供が自分で考える力を涵養するのが嫌なのかもしれないが。

ところで性教育もジェンダーフリー教育も、子供だけでなく、大人にもやった方がいいのではないか。世の中の倫理はともかく、風俗産業で働く人は少なからず存在するし、今後もいなくなることはないだろう。彼らの情報源、情報の正確さはどの程度なのか。要友紀子・水島希『風俗嬢意識調査　126人の職業意識』（ポット出版・2005年）で性病の検査や病院、情報を得る相手、などの調査結果を読むと、風俗嬢の性病関連の情報源は雑誌や口コミが主流。正しい知識が伝わっているかどうかは心許ない。

更に。妊娠中絶が年間約30万。［＊2］10代20代の若者だけでなく、少なくない既婚者が経済的理由で堕胎する。職業意識の高い風俗嬢よりも、何となく日常を過ごしている夫婦や、ちょっとした浮気心を持つ「一般人」の方が性病や避妊の知識に疎い可能性も高い。こうした現実を考えると、大人にだって性の知識は必要じゃない？　というより子供に知識を伝える側の親を教育した方がよくないか？　少子化をうけ、文科省は社会人教育にも力を入れているそうだが、性教育やジェンダーに関する教育についても大人向けのものを考えるべきなのでは？

【初出・2005年6月】

★その後のこの話

2006年安倍晋三氏が首相になり、山谷えり子氏を教育問題担当の補佐官に起用。教育基本法改正案も通り、性教育やジェンダーフリー教育の行く末が危うい雰囲気になってきた。一体どうなるんだろう？

註

［＊1］インターセックスとも呼ばれる。半陰陽にも様々なパターンがあり、一様ではない。新井祥『性別が、ない』（ぶんか社、全3巻）は半陰陽である作者自身の体験談が表現されているマンガ作品で、半陰陽の一端を知るための良書であると思う。

［＊2］実質100万以上とも言われている。

終戦直後の売春婦状況を振り返る

＊

水島希

戦争ドキュメンタリー番組が次第に増える季節になってきました。今年（2005年）は戦後60年。そのせいか、いままで口を閉ざしていた戦争体験者の方たちの証言や、隠されていた極秘書類発見などのニュースを聞く機会が例年より多い気がします。

そんな中、やはり気になるのは、戦中戦後の売春婦たち。軍隊慰安婦については問題化が進んでいますが（バックラッシュもはげしいですが）、「銃後」および、敗戦後の売春婦状況もヒドイもの。今回は、戦争直後の状況を振り返り、現在につなげてみたいと思います。

終戦3日目に慰安指令

8月15日敗戦。その後3日しかたっていない18日、国から全国の警察部長に対し、進駐軍向けの「性的慰安施設」を急いで整備するようにという通達がだされます。1週間後（8月26日）には、公娼・私娼ふくめた接客業者たちによってRAA（特殊慰安婦施設協会）が設立され、有名な「新日本女性に告ぐ」という募集広告が大々的に出されます。数日内に第一号の施設が開業し、その後3ヶ月で東京だけでも25カ所の慰安施設が設立されたとか。

しかし、これでは足りない（！）として、9月末、GHQは東京都衛生局（警察ではない）に、都内で営業している他の売春街を紹介させ、さらには都知事の責任で進駐軍の兵隊を性病感染させないように、売春婦への検診を実施することを要請しました。ここには、日本側の「一般婦女子の防波堤」＝国防・治安維持、という意識と、アメリカ側の、自分とこの兵隊の性病蔓延を防ぐ＝公衆衛生、という目的のズレがよく表れています。いずれにせよ、働くのは「一般」以外の婦女子たち多数。敗戦直後の晩夏から冬にかけて、RAAは各地で繁忙を極めました。

警察による性病予防!?

年が明けてすぐ、つまりRAA設立から5ヶ月弱にして、GHQは日本での公娼制度を廃止するようにという覚え書きを出します（1月）。そして日本政府もそれに追随（2月、娼妓取締規則の廃止）。自分らで積極的に整備したんじゃないの？　急な方針転換の背景には、性病の蔓延がありました。当初から性病防止を意識していたにもかかわらず、結局、広がる感染を食い止められなかったという訳。

「大業」と持ち上げておいて感染したら即閉鎖とは、働く側を無視した無茶な話ですが、それまでに行われていた感染対策自体がまたヒドい。RAAでは、慰安事業に携わる女子（ダンサーやウェイトレス、はたまた事務員まで）に強制検診を実施していたのです。検査は直接の予防にはならないとはいえ、働く側ばかりが性病への責任を問われるのは今も昔も同じ。1987年に起きたエイズパニックの際に、神戸のソープ街ではソープ嬢のみならず従業員までエイズ検査を受けさせられ「シロ」であることを示さねばならなかった、という状況と重なります。

また同時期、RAA外では日本警察と占領軍警察部隊による「キャッチ」という強制検診が行われています。これは街頭を歩いている女性で「売春婦だ」とみなした人を捕まえ、病院に強制連行し性病検査を受けさせるというもの。

警察官が売春婦を性病検診に強制連行？　どこかで聞いたことあると思ったら、タイやカンボジアで現在行われている100％コンドーム使用政策の過程で、同じ問題が生じているのでした。この政策は性風俗店でのコンドーム使用を義務づけたもので、本来的にはセックスワーカーの感染予防のためにも行われているハズなのです。しかし警察が政策実施に関わってくると、とたんに売春婦は「加害者」扱い。この体質は、今も昔も場所を問わず変わっていないということです。

より見えない存在へ

その後、3月には慰安施設への将校・兵隊の立ち入りを禁じた「オフ・リミッツ」が発令されます。RAAの正式解散は1949年ですが、オフ・リミッツ発令後には職を失う女性が続出し、街娼という形態での営業に流れます。最盛期にはRAAで7万人もの女性が働いていたというのだから、当然失業者も同規模。街娼数は急増ということに。

これに対しGHQはゾーニング（営業地域を限っての許可）を指示、1946年11月には内閣次官会議で特殊飲食店街、いわゆる赤線（地図上で赤線で囲んだので）地域を指定し、営業許可を与える決定を下しました。

公娼制から赤線へという政策は、法律上の売春を一掃し、現実に存在している売春を法的不可視領域におくという姿勢です。これにより国は責任を問われることもなく、売春婦への補償や労働環境の整備もしなくて済むことになります。最近ではこの傾向がさらに強化されています。国は、1999年に派遣型性風俗営業を風営法の対象としました。そして、黙認してきた無届け営業店舗の取締りを強化し、店舗型から派遣型への移行を促進しているのです。公娼制廃止後も売春防止法制定後も、各地域に目でみえる形で存在していた性産業は、さらに物理的に一般市民の目に触れない存在へと追いやられつつあります。セックスワーカーたちは、暴力を受けても対処が困難な派遣型という業態で働かざるを得なくなっているのです。

労基法適用の好機を逃す

さてこのころ、注目すべき動きとして、特飲街の接客婦（セックスワーカー）に労働基準法を適用する通達が行われました。これは1947年に設置された労働省が、1949年に各地域の労働基準局に対して行ったもの。しかし、警察も労働局も労基法違反を知りつつ黙認するだけだったとか。芸姑は雇用者ではなく自由業の下宿人だ、という業者側の主張もあって、結局売春婦たちは売防法制定以前であっても労働法による恩恵を得ることはできなかったのです。

この状況は現在まで続いています。風営法のもとで非ホンバン産業は合法的に営業できますが、そこで働くセックスワーカーに労働法が適用されることはほとんどありません（慣習的な黙殺）。戦後の労働基準局がちゃんと機能していていたら……というのは夢物語ですが、現在の性産業の状況が現状よりマシになっていたのでは、と思わずにはいられません。

ここまで見て来たように、セックスワーカーは、戦後から現在まで、モラルと性病という二重の枷を背負わされ、法律や施策の急な変更に混乱させられてきました。水面下で労働環境が悪化している現状を考えると、いま戦争になったらセックスワーカーは以前よりひどい対応を受けるんじゃなかろうか、と不安になります。今回は客観的資料で売春婦たちの戦後を構成しましたが、次の節目までには、戦中戦後の売春ドキュメンタリーや当事者の新証言がばんばん公になっていて欲しいもの。そんな社会づくりをめざして努力していきたいと思います。

【初出・2005年8月】

註

［＊1］Recreation and Amusement Association の略

［＊2］全文は以下。「新日本女性に告ぐ。戦後処理の国家的緊急施設の一端として、駐屯軍慰安の大事業に参加する新日本女性の率先協力を求む。女事務員募集。年齢十八歳以上二十五歳まで。宿舎、被服、食糧当方支給。」

［＊3］藤目ゆき『性の歴史学』328―329頁。不二出版・1999年。

『日露戦争勝利百周年を祝う青年の集い』レポ

＊小菅由美子＋水島希

遊郭マニアのフリーライター小菅由美子と、売春史以外の日本の歴史を知らない水島希が、先日赤坂プリンスホテルにて盛大に開かれた『日露戦争百周年を祝う青年の集い』［＊1］に参加。今回はその報告です。

水島（以下、水）：いや〜、あの万歳三唱はすごかったね、小菅さん！「天皇陛下」のかけ声で万歳したのは生まれて初めてですよ。

小菅（以下、小）：日の丸の小旗を手にしたときは、ナショナリズムでちょっと熱くなりました。それと、最初、会場に入った時のパチンコ屋みたいな軍歌にも唖然とした。

水：小菅さん、入り口で大声で「パチンコ屋みたいだね！」って言うんだもの、刺されるかと思いましたよ。今回は「右とか左とかよくわからないから知りたい」という事で、右派の大祝宴に参加した訳ですが、どうでしたか？

小：ビシッとキメたスーツの青年に取り囲まれてる気分は悪くなかったです。けど、ものすごい時代錯誤ぶりに目眩を覚えたのも事実。同世代があんなに大量に集まって万歳三唱しちゃうなんて……。

水：今回の集いは、60代の企画者たちが18から39歳の若者1000人を招いて今後を託す、というのが趣旨（実際には1600人来たらしい：主催者発表）。どんな人が来るんだろうと興味津々でしたが、ぱっと見た感じ普通の若者が多かったですね。大広間の中央に巨大な日の丸がはためくのを見た時点で、私はテーマパークに来た〜みたいな気分になってハイになりましたが、小菅さん、かなりムカついてましたね。

小：白人と言う時に「毛唐」と言わんばかりの語調でしたよね。日露戦争の意義をアジア人を非差別からすくったところにあるように言っておいて、人種差別的な意識をビリビリ感じました。

水：そうなんだよねえ。「人種平等」を連発してる割に、勝った俺ら日本人はエライみたいな雰囲気で、みんな矛盾を感じないのか気になったよ。「我々の先祖ががんばらなければ、アメリカでは黒人はいまだに奴隷のはず」とかね。そんな中で、駐日アフガニスタン大使が挨拶しはったのには驚いた。

小：この人が「武士道を忘れないでほしい」みたいなこと言ったんだっけ。全然ピンとこなかったけど。中国の人もいましたね。どうして来てるのかサッパリ分からない。人の国の右の集いに来る外人ってなんなんだろう……。

水：直截ですね。でもほんと、外国籍の人は居にくかったと思うな。しかし文脈が分からない者としては、どうしてアフガニスタンの人が武士道を鼓舞するの？　中国の人が扶桑社の教科書を賛美するのはなんで？　と、謎が謎を呼ぶ来賓挨拶だった。混乱作戦かな。それはそうと軍隊慰安婦の事については思ったより触れられなかったね。扶桑社教科書関連で「採用率は低いが効果は大きかった。慰安婦についての記述がすべての教科書からなくなった」と言っただけ。

小：慰安婦のことは、その記述がなくなったことを快挙ととらえてるのにすごいカルチャーショックを受けました。むしろRAA［＊2］のこととかも書いて、女性の犠牲についてもっと触れてほしい。戦争直後、国の政策で占領軍の生け贄になった彼女達も、お国のために身を捧げたと言えるじゃん！　でも女性の視点なんて少しも考えてないんだろうなあ。出席者ほとんど男だったね。合コンならうれしいけど。

水：そういやグループで来てる男は多かったけど、二人以上で来てる女の人まったく見なかったね！　カップルか、青年グループの一員て感じで……。これも明治風だわ。

小：あと、乃木希典の名前が一般の教科書に載ってないのを問題視してて、それは実は納得するんですが、でもあのへんのヒーローを、国家神道によって宗教に絡めて扱いづらくしてしまったのは、彼ら自身なんですよね。乃木大将はヒーローじゃなくて神様になっちゃったから話がややこしくなった。

水：英雄のままならOK？

小：「いいことをした英雄！」とは言い難いけど、教科書には載っていい気がする。え、ダメ？

水：いや、まあ、左翼にも戦士とかいるし……個人で楽しむ分にはいいのでは。参加者は、講演で話されたことを信じたと思う？

小：分からないけど、わたしたちみたいに警戒心を持って挑まないと、つい信じてしまいそうな勢いはあったかも。ミラー張りで青いライト、軍艦の模型がビシッと並ぶショークースも会場の真ん中に展示されてて、もうそのカッコよさに酔いしれるには充分な演出だった。そういえば出席者の短髪率にも感心しました。わたし短髪の男好きだから。石ってそういう形式美があるよね。

水：うわー、見てなかったー……。短髪はともかく、万歳なり君が代なり一体感が得られやすい形式を持ってるよね。海ゆかば合唱のときはみんな歌詞わかんなくて「むにゃむにゃ〜♪」という感じだったけど。形式美といえば、ステージ横に記念撮影用の軍服の顔出し看板（写真）あったじゃん。あれも形式美の利用だよね。笑っていいのか本気なのかわからないけど。そんで、あの中に従軍看護婦の衣装があるのに実際の話の中ではまったく触れられていない。

女性の存在はユニフォームとしての利用だけ。今回の企画とおして女の人に言及してるのは慰安婦の一言だけだもん、あれじゃあ女は来ないよなあと思いました。それはそうとして、左翼にも形式美あった方がいいのかな。人あつまると思う？

小：陶酔しやすいような気はするけど、左的な思想と形式美がマッチするかどうか…。でも、右の人はそういうイメージ戦略みたいのを確信犯でやってるからすごい、というか賢いですね。左はそういうとこ潔癖っぽい感じがする。分かっててもやらないというか。

水：潔癖なら潔癖で別の戦略がほしいよね。今回、企画者たちが長期にわたって地道かつ着実に計画を実行している様に驚いた。と共に、反対する側ももっと計画性&戦略を持たないと、そりゃやられるわ、と思いました。今回みたいな体育会系のノリの後輩育成様式も左派にはないしね。私は好きなんだけど。

小：そういえばわたしたち、日露戦争のこと忘れてましたね。あのカッチョイイ極右な雰囲気にやられっぱなしで。ご飯もおいしかったなあ。定員オーバーな参加者に充分の量もあったし。

水：レアな酒（**写真**）も飲み放題。どこから出てる金なのかナゾだけど、やっぱお金って活動に影響するなあ……。それはともかく、今回は、明治といえば東雲節？［＊3］という我々の時代感は、あんまり変わらなかったようですね。【初出・2005年10月】

註

［＊1］2005年9月3日開催。趣旨・当日のプログラムは、磐南総合研究会ホームページを参照。http://www.wadachi.jp/jr100/

［＊2］RAA：Recreation and Amusement Association 戦後すぐ、日本政府主導で作られた進駐軍向けの慰安施設。154～158頁参照。

［＊3］明治の流行歌。娼妓のストライキ、あるいは自由廃娼について歌ったもの。

公園暮らしと横浜トリエンナーレ

＊

もりもり☆アイアイ

『Hot Pepper』［＊1］はつまらん。「どこで食べる?」ってなった時、『Hot Pepper』があると、載ってる店から探すことになりがち。ひどい時には、『Hot Pepper』を入手することから店選びが始まる。『Hot Pepper』のおかげで選択肢が増えるのではなく、『Hot Pepper』のせいで選択肢が狭まる感じ。クーポンで、飲食代金が安くなるったって、それはもともとから織り込み済みのつまらなさ。予定調和。

横浜トリエンナーレ［＊2］のつまらなさも、『Hot Pepper』のつまらなさに似ていた。『Hot Pepper』に載っている店にもいい店があるように、横浜トリエンナーレにもいい展示はある。けど、全体として横浜トリエンナーレはつまらなかった。体験型の展示が多いが、それもとどのつまりは、決められた枠内での織り込み済みの体験。見る側と見せる側の垣根の越え方は、あくまで、横浜トリエンナーレ設定の枠内で許容。装飾された球形の物体を頭にかぶった写真がオモシロかったので、ちょっとかぶってみましょ、と置いてある球形の物体を持ち上げようとしたが、固定されてて台から外れず。入場後少しの間、私は横浜トリエンナーレをオモシロいと思った、けど結局、狭い範囲でオリコウに遊ばされているだけだった。現代美術が限られた人しか近づけない、高尚なものでなく、近づく機会が広がるのはいいとは思うけど。

横浜トリエンナーレがこんなにもつまらなかったのは、前日のおかげだ。横浜に行く前日、私は都内の大きな公園に、いちむらみさこさんを訪問していた。

いちむらさんは、公園のテントに住み、同じく公園に住む女性たち、特にキクチさんという女性とのことについて文章を書いている。［＊3］ いちむらさんは、憐れまず、といって、意味なく崇めたり、賛美したりせず、とても丁寧な言葉で、とても丁寧に女性たちのことを表現している。人によっては、「キモイ」とか、「アブナイ」とか、「ヤバイ」とか表現するかもしれない出来事を、そういった一切を切り捨てる感情を使っては表現していない。例えば、「女だから」、「ホームレスだから」というのでなく、個々人や個々の出来事に出会い、丁寧に、いちむらさんは、感じ、考える。このいちむらさんの姿勢こそ、私の思う、フェミニズムの基本姿勢。いちむらさんは、フェミニズムに強く関心がある風ではなかった。しかし、「よく一緒にいる男性に吸収された見方をされている気がして」ならなかったと気付き、テントを移動させるという行動をとったり、「気付き」と「行動」を身に付けてる、いちむらさん。「気付き」と「行動」を両方セットで身に付けてるのは私の基準ではものすごくフェミ的。私は読みながら、とてもワクワクした。いちむらさんが感じ、考え、暮らす公園がどんなところか、知りたい！ と私は公園を訪ねたのだった。

公園には、「エノアールカフェ」という、スペースがある。このカフェでは、時々、絵を描く会が開かれる。絵を描く会をしていない時も、やって来た人がお茶を飲んだり、おしゃべりをしたりするスペースになっている。公園に住む人や公園に遊びに来た人がやってくるらしい。ここで、いちむらさんや小川てつオさんと話をし、それから、いちむらさんと公園を散歩し、おおざっぱに事を考えていた自分に気付いた。私は、この公園のテント村に住む人をホームレスと思い、そう言っていた。けど、いちむらさんは、「ホームレスとは言わない」と言った。目の前にブルーシートの家がたくさんあった。ホームは確かに存在していた。カテゴリーにはめて、個々が考えられなくなることで、人は可能性を奪われ、力を奪われる。フェミニズムは、それに抵抗していくことだと私は思う。けど、気をつけなきゃ！ 自分も奪う側になる。

©いちむらみさこ『Ｄｅａｒキクチさん、ブルーテント村とチョコレート』より

いちむらさんの前のテントがあった辺りにも行ったが、テントは一、二つあるだけだった。前はずらーと並んでいたそうだ。この公園では、今、都による「ホームレス地域生活移行支援事業」［＊4］が進められている。新しくテントは作れなくなった。長年、テントに住んでいた人たちもアパートに移り始めている。エノアールカフェの辺りは割にテントが残っているようだが、それでも最近壊されたテントの跡地が二つあった。二年間は3千円でアパートに住むことができ、都が残りの家賃を負担するそうだ。経済的な問題や身分保証の問題でアパートに住みたくても住めなかった人に、移行事業は意義もあるのだろう。ただ、皆が毎月、3千円を用意できるわけではないだろう。また、ペットがいたりで、アパートに移りたくない人もいるようだ。周りの人がいなくなると、安全面でのバランスも崩れるだろうし、寂しくもなるだろうが、だからといってテントの移動もままならない様子だ。いちむらさんは、公園での暮らしから経験的に、「危害を加える一番予想される主体は人ではありますが、私を守るものは、有機的な人と人とのネットワークだと私は信じています」と書いてる。ネットワークを断ちかねないアパート移住事業は、長い年月で見た時、何をもたらすのだろう。

公園にいたのは、三、四時間でとても短い間だった。けど、出逢った人といちむらさんが挨拶したり、おしゃべりしたりするのをいっぱい見た。そして、新鮮な野菜とか手に入らないものはあるけど、食べ物や衣類、日常雑貨などが回り回ってくる人間関係ができている事、現金がなくてもある程度やっていける事を聞いた。この公園には、他ではお金を払っても買えない暮らしや人間関係もあるのだろうと思う。

実践のフェミとアートを感じた後だから、いっそう横浜トリエンナーレはつまらなかったのだ。が同時に、金を稼ぎ、金を使う暮らしを当たり前に思い、選んだつもりが、選ばさせられ、枠の中で生きている、そんな私も横浜トリエンナーレで、『Hot Pepper』。仕掛けは巧妙です。だから、暮らしや人間関係は自家製で発明していけるって、当たり前のこと、忘れないようにしなきゃ。

【初出・2006年1月】

註

［＊1］Recruit発行のクーポン情報誌。無料配布。

［＊2］「山下ふ頭の巨大な倉庫をメイン会場に、国内外より約80名のアーティストの参加を得て実施いたします。全体テーマは「アートサーカス（日常からの跳躍）」。鑑賞者が単に展覧会を見るという従来的スタイルを脱し、見る側と見せる側の垣根を越え、アートの制作現場に立会い、作品を体験するダイアローグ的な展示を試みます。」（横浜トリエンナーレHP http://www.yokohama2005.jp の実施概要より）。2005年9月28日〜12月18日開催。

［＊3］絵・文 いちむらみさこ『Ｄｅａｒキクチさん、ブルーテント村とチョコレート』キョートット出版（http://kyototto.com/）、2006年10月発行。税込1260円。ISBN 4-990263 7-1-5（地方小出版流通センター扱い）。全国の書店、インターネット書店で注文可。また、いちむらみさこさんのブログ（ブルーテント村とチョコレート）は、http://blutent.exblog.jp。

［＊4］東京都福祉保健局ホームページ http://www.fukushihoken.metro.tokyo.jp/press_reles/2004/pr0216.htm

ユニークフェイスって？

＊

浦島花子

東京にＮＰＯ法人ユニークフェイスっていう団体がある。石井政之会長によるとまだまだマイナーで「え？　ユニークフェイスって何？」ってのが一般的みたい。でも社会問題に関心の高い人が読む本誌（雑誌『インパクション』のこと）ならご存知の読者も多いのかも。釈迦に説法、マルクスに資本論、小泉首相に郵政民営化、ですが一応説明。

このＮＰＯは顔面に大きなアザや火傷の痕や傷痕がある人、口唇口蓋裂や色素欠乏症で生まれた人など、顔に何らかの「ユニークさ」を持つ人達のための団体。顔面の半分に広がる大きな赤アザを持つ石井さんが１９９９年に設立した。

彼らには障碍者手帳を持つ程の機能的障碍は無い。歩ける書ける話せる。だから健常者の枠組みに入れられている。だからこそ、すっごく苦労している。

例えば就職。外見だけで拒否されがちだから就職できず親に支えられている人も多い。働く意欲と能力があるのに否応なく引きこもり、ニート、ってことになってしまう。かなり深刻。障碍者には低額とはいえ年金があり雇用者優遇税制などの公的支援も一応あるけど、ユニークフェイス問題は余り知られていないので法整備も無く行政の支援はゼロに近い。

経済問題だけじゃない。外を歩けばあからさまに避けられたり、からかわれたり。それだけでなく一面識も無い人が突然罵声を浴びせたり、唾を吐きかけたりすることもあるという。こういう経験が一度でもあればトラウマになって散歩や買い物もウカウカできない。物心付いた頃から外見を意識させられ、ひどいイジメを受け、社会が怖くて引きこもりに近い状態になった人もいる。「障碍は無いんだから頑張れ」と苦労を理解されにくい。

私も美醜問題に悩む女子。「女の方が男より美醜で評価されることが多い。男はそれ以外の余地が広くていいなあ」と不条理を嘆いていた……。んだけど、ユニークフェイスの人達が性別を問わず容貌で相当嫌な目に遭っている、って知り、オノレの不見識を実感。ユニークフェイスの辛さは性別うんぬん以前だった。

それはさておき石井さん達が会を旗揚げしたら、引きこもっていたユニークフェイスの人々が「同じ悩みが話せるのなら」と少しずつ集うようになった。会の活動を通じて社会参加も進んでいる。悩みを共有できる人がいるだけで勇気づけられる。それって性的被害者の自助グループと同じだ。なんかフェミ的。石井さん自身はマッチョ風味なんだけど。

会の活動はマスコミを通じて広まったが、存在を知らず孤独に悩むユニークフェイスな人もいた。だがネットは凄い。「太田母斑」「口唇口蓋裂」など容貌に関する単語をキーワードにしてネットのグーグルやヤフーやエキサイトなどで検索すると、ユニークフェイスのウェブサイト［＊1］が引っかかる。それで会の存在や公開イベントを知り参加する人もいる。ネット空間にできたDV被害者掲示板や体験者のブログで顔を合わせたことのない人同士の交流が生まれているのと同じでイイ感じ。

ところでユニークフェイスな人達の多くは対人関係で辛い経験をしてきたから公開の場を望まない傾向がある。会ができた当初は当事者と家族に限った会合を主に開いていたようだが、最近は公開イベントも目立つ。２００６年2月、「非ユニーク顔」の私もその一つに参加した。アザや傷跡を隠すメイクで社会進出を助ける「カモフラージュ・セラピー」の実演、ファイザー製薬の援助で会員が自主制作したドキュメンタリー映画『ユニークフェイス・ライフ』の観賞、主客入り交じったトーク、の豪華三本立て。

まず化粧の指導・説明者もモデルへのメイク者も非当事者だったのには驚いた。「セラピー」の言葉通りメイク者はセラピストでもある。社会的排除で傷ついた人をメイクと言葉と態度で癒す。共通体験の無い人でも可能だと会員が捉えているからこそ、非当事者もセラピストになれるわけだ。当事者でなくても、ある程度は［*2］痛みを想像したりできるって考えて会が広がってゆくってステキ。

ところで会ではメイクをされる当事者モデルを募集したが、応募者はゼロ。だから2007年1月現在もモデルは石井さんだけ。彼は「何度モデルをやっても辛い。何十という目が自分のアザを凝視するから」と話す。公開イベント参加やテレビ出演ができても、壇上に立つモデルは辛いと考える当事者も多いのだ。それほど過去に辛い目にあってきたんだろう。

そもそもマスコミの顔出し名前出し取材自体、狭い地域社会にいる人にはハイリスクの上、折角出ても字数や時間制限があり真意が十分に伝わらない。会は社会参加や情報獲得の場として充実中だけど、情報発信の面ではまだまだ課題が山積らしい。そこで会の当事者、家族、友人が現状や体験を語り、撮影者も聞き手も会員、という映画を制作したそうだ。前々から石井さんの本や講演である程度ユニークフェイス問題を知ってるつもりだった私も映画を観て改めて「問題の根は深い」と思った。ともかく映画、おすすめです。［*3］

上映後のトークも良かった。身障者や当事者会員数名は「一番の本音は出しにくいから、他人に話す時は二番、三番のものが出てしまう、映画はその二番、三番にしか迫っていない。一番に迫れ」と厳しいツッコミ。一方、石井さんは「出演者は撮影後、脱力するほど本音を語った」と反論。このやり取りを聞いて、当事者同士でも認識が違うのはユニークフェイスもなのね、と再びしみじみ。

親の発言も印象的だった。ユニークフェイス問題は障碍者問題に似て、本人だけではなく親もすごく辛い。だから親が親ならではの辛さを互いに語り合ったり、幼い子のために医療情報を得る場も必要。その他、子の無い私には考えもしなかった話がとっても多かった。

ところでイベント中、映画でもトークでも開会・閉会の挨拶でも笑いが出てこないのが残念だった。NPOに限らず、フェミ、自民党、市民運動、選挙、右翼、……何でも、余裕というか楽しみの要素がお客だけでなく主催者にこそ必要な気がする。［＊4］もちろんユニークフェイス問題は深刻だから笑いは難しいってのも分かる気もするし、硬いフェミ的原稿しか書けない私が他人様に指摘する資格があるんかい、とも思うけど。

しかし会合全てが「笑いゼロ」ってわけでもなかった。実は開会前の準備をするスタッフの間でも、終了後の懇親会でも色々冗談や笑いが出ていたわけで。懇親会だって準備だって初対面同士も非会員も多かったわけで。つまり笑いの潜在力は高いんだと思う。今後の笑い部門に更に期待、と偉そうなことを言ってみる。

【初出・2006年4月】

註

［＊1］http://www.uniqueface.org/
［＊2］でも完璧は無理だと思う。
［＊3］http://uniqueface.jugem.jp/ に上映会予定が随時掲載されている。
［＊4］内輪ウケは悲し過ぎ。また笑いだけでもマズイんですが。運動団体の弱点っす。これまた偉そう？

植民地主義、大学、ジェンダー

在カナダ日本人女子大学院生の経験から

＊

長山智香子＋黛公音

私たちはトロント大学・オンタリオ州立教育学研究所の博士課程で研究している。他の日本人女子大学院生たちと留学後の経験を話しているうちに、共通の問題に直面してきたことが明らかになってきた。２００６年3月17日、ケベック州モントリオール市のマギル大学で開催された教育学大学院生学会で、四人の経験と考察を寸劇と対話で構成したパネルとして発表した。

実体験に基づいた寸劇は「眠れないよ～」と毛布でもがく留学生カオリから始まる。明日は勉強するぞ！　と焦るカオリだが、隣室から大きなお喋りの声。同居人のケイティと妹のジェニファーだ。カオリの抗議に二人は"I didn't know you were here"（あなたがここにいるとは知らなかった）。カオリはシェアハウスの掃除を人の分までやってきた。「いると思わなかった」とは失礼だと、台所でテレビを見ている大家さんに訴えると「私もあなたがいたのを知らなかった」。……

カナダでは「静かで大人しい」「家事が得意で専業主婦に向いている」という日本人女性のステレオタイプが広まっているが、これが私たちに沈黙を強いることに繋がっている。次の対話はパネル発表を再構成したものの一部で、カナダの授業での日本人女子学生の経験を考察する。

A：大学院進学のためにカナダの英語学校で準備していたときの話なんだけど、私が「クラスの議論に参加するの、まだちょっと緊張しますね」って先生と話していたら、その先生から「それは、もしかして君が女性だからじゃない？　特にアジア人の女性だからなのでは？」って一方的に分析するように言われたことがあるの。その時は「そうですね」と言って流したけど、「何か変だな」という思いがぬぐいきれなかった。

今思えば、あのときの違和感は、この会話で私とその先生との立場が対等じゃなかったからだと思う。先生は白人男性で、私は有色人種の女性。彼はカナダの主流言語、英語のネイティブでしょ！　この不平等な力関係の中で、彼が私の行動の理由を、私の声も聞かずに一方的に押し付けてきて、私はそれを受け入れるしかなかったのが、何か腑に落ちなかった。

B：私も教授との間で、嫌な思いをしたことがあるよ。学部生のとき、必修の政治学の講義が理解できなくて、授業の後に教授に相談したことがあるの。でもその先生は、私のおかれた状況を理解しようとしないで、ただ私の話を遮って「英語学校にもどれ」って言ったんだよね。まるで、理解できないのが私だけの責任みたいに。

でも彼の話し方はぼそぼそしていてとても聞きづらかったし、内容もアメリカ政治のことばっかりで、私がわからないのも無理ないでしょ。でもこの白人男性の教授とアジア人女性の学生である私という力関係の中で、私は自分だけを責めるように仕向けられてしまったように思う。それで結局自信もやる気もなくなって。結局、私はただ沈黙させられたんだよね。

A：クラスで話せるときでも、自分に期待されているのは「日本」について話すことや、でなければ英語学習者としての経験を話すことでしかないのではってときどき思う。自分から、日本に限定した知識や経験を戦略的に使って場を凌いだこともあるけど、でも、私が本当に話したいこととは何か違うって感じをずっと持ち続けてきたんだよね。自分が話している内容は、話せること、あるいは他人から話すよう期待されていることでしかない。全く日本とは関係ない理論的なことを話すと、私の声は授業の中で聞かれてないんだって思えてしまう。

B：久保田（2002年）の論文では、北米で働くアジア人女性教授の見解としてそれに似たことを書いているよ。英語教育やアジア研究といった周縁化された科目で講義をするときには、彼女の能力や知識は生徒からの信頼を得ることができる。方や、彼女が、いわゆる主流の学問領域で講義をするときには、生徒や他の教授陣にすら、彼女の知識は疑われてしまう。

C：結局、私たちの知識やアイディアって、「日本人」、あるいは「英語を習得しつつある者」としての限定的な枠のなかでしか認められないのかな。

D：それは結局私たち有色人種が白人に望まれるかたちでしか私たちの知識を発揮できないということでもある。有色人種の教授陣を雇用して多様性を出そうとする大学もあるけど、表面的な解決によって人種差別が隠蔽される危険があるかもね。

C：カナダの多文化主義政策が「多様性」を後押ししている。多文化主義法が制定されたのは1988年。作家のニール・ビソンダス（2002年）は、多文化主義は文化の生きた現実を尊重していないと言っているよ。「文化」といえば舞踊や音楽、食べ物などで、国・民族名と値段を貼られ、展示されて販売される。それらが民族間の差異を表象し、羨望や興味の対象となる。

D：まともな人間として見てもらうために、有色人種の人々を既存の文化的枠組みに入らせるようなプレッシャーを感じるよ。

A：それには両義性がある。既に共有されている知識を利用して人の会話に加われる。一種のサバイバル・ツールだよね。それにしても、私たちはなぜ「受け身で静かで不平不満がない」と見られるの？

B：日本人女性に対する偏見に、「女性」であり「アジア人・日本人」という二つの層の「従順性」がある。その偏見が日本人女性を西洋で目立たない「影」にする。

A：日本人も含めたアジア人は西洋社会で、従順性と順応性を持つ「モデルマイノリティ」なんだね。一見肯定的でも、人種民族差別を無視させる役目を果たす。それに、アジア人男性は学問的職業的な成功者と見られる傍ら、日本人女性は従順で家事が得意だとされて、男女の層もできている。

D：日本人女性の大学院生が「影」になるのは、国家政策や文化学術機関等に見出される構造的な問題だね。高等教育は文化や人々を人種化、ジェンダー化、性的フェティッシュ化させる主流の言説を反映しているよ。

癒しと連帯

普遍的な理論の生産者として白人が優越的な地位を保ち、有色人種の知や経験が周縁化されるという植民地主義的な知の制度の中で「女らしい、アジア人らしい」従順を期待され、孤独に対処してきた私たちには、学会準備に向けた話し合いは癒しの場でもあった。

（1）経験の共有

最初の日本人女子大学院生の集まりは、新発見と同時に力を与えてくれる場だった。「すごい！　自分たちの経験や考えって人とこんなにも分かちあえるんだ！」って。対話を通して以前思いもしなかったことを思い付いた。一人で考えているだけだと、社会規範に押されて、自分の痛みや苦痛を表にだせなくなる。明確になってきたのは、一見肯定的なステレオタイプが人種差別を助長すること。温存されてきた偏見を打ち破るためにも、この対話と学会発表に意義がある。

（2）セーフスペース

個々人の感じ方やこれまでの行動を信頼し尊重しながら話を進めて、絆が深まった。自分の人間性や言動に確信が持てるようになった。

（3）癒し

癒しのためには、各々が自分自身の由来と再び向き合い、結果ではなく過程に目を向け、他者との関係や人の知、心、体の全体性を心にとめる必要がある（黛、2006年）。皆でこれらを実践することができ、植民地主義的支配の不公正によって断片化された自己を癒す機会になった。

（4）連帯

もちろん、これは気ままで自己中心的な快楽のためのプロジェクトではない。ここには、アカデミーに無視されがちだった日本人女性の学生自身が場や声を取り戻そうとする政治的な意図がある。また、私たちの対話をグループ内だけでなく、グループの外に向けることにより、自分たちの行動にも思慮深くなる。そして他の有色人女性の経験にも目を向けはじめている。パネル発表後、会場の人々からカナダの人種差別や文化政策について活発な議論を引き出すことができ、手応えを感じた。「黒人男性のステレオタイプは日本人女性とは逆に、攻撃性や過度の自己主張。それが黒人男性の社会参加を阻害する」という黒人男子学生の意見。また白人女性は、アジアで英語教師として働いた際に受けた性差別を語った。性差別と人種差別を複合的構造として理解していく必要があるだろう。

この癒しの旅、自分を取り戻し他者と連帯する可能性を探る営みを、これからも普段の生活や学術課題を通して続けて行こうと思っている。

*この考察を生み出す過程で共に歩んでくれた二人の仲間に感謝します。

*引用文献

——Bissoondath, N. (2002). *Selling illusions: The cult of multiculturalism in Canada* (2nd edn). Toronto: Penguin.

——Kubota, R. (2002). Marginality as an asset: Toward a counter-hegemonic pedagogy for diversity. In L. Vargas (Ed.), *Women faculty of color in the white classroom: Narratives on the pedagogical implications of teacher diversity* (pp. 293-307). New York: Peter Lang.

——Mayuzumi, K. (2006). The tea ceremony as a decolonizing epistemology: Healing and Japanese women. *Journal of Transformative Education*, 4(1), 8-26.

【初出・2006年6月】

サッカー、女の旅

＊

もりもり☆アイアイ

俺が「サッカー」という旅に出てからおよそ20年の月日が経った。
8歳の冬、寒空のもと山梨のとある小学校の校庭の片隅からその旅は始まった。

あの頃はボールを蹴ることに夢中になり
必死でゴールを決めることだけを目指した。
そして、ひたすらゲームを楽しんだ。
サッカーボールは常に傍らにあった。
（中田英寿のオフィシャルホームページ、http://nakata.net/ 内
Hide's mail〃人生とは旅であり、旅とは人生である〃２００6年7月3日分より）

私が「サッカー」という旅に出てからおよそ2年の月日が経った。
9歳の冬、関西のとある埋立地のどこかからその旅は始まった。

あの頃はボールを蹴ることに夢中になり
必死でゴールを決めることだけを目指した。

そして、ひたすらゲームを楽しんだ。

サッカーボールは常に傍らにあった。

ドイツW杯後引退を決めた中田英寿が子どもだった1985年頃、「キャプテン翼」（高橋陽一）というサッカー漫画が大ヒットしていました。男の子の放課後の遊びは野球からサッカーに急激に変化。男子に混じって、たった一人の女子として野球をしていた私もサッカーに夢中になりました。

小学校は校舎改修で、運動部が削減されていて、サッカー部はないが、代わりに、サッカーとソフトボールと陸上を週替わりでやる部活動がありました。私はもちろん入部。女子は私一人でした。

『『キャプテン翼』に出てきたオーバーヘッドキックは本当にできるんだろうか」、と考えながら、サッカーの練習本を読みました。練習本に載っていたとおり、繁華街の人ゴミでは、前から歩いて来る人を素早く交わし、小走りに進みました。それがフェイントの練習になると書いてあったからです。

祖母にご褒美で買ってもらったサッカーボールを持って、放課後は毎日、公園に行きました。ルールは、手でボールを触ってはいけないというだけ。後はただボールを蹴って皆で走り回り、ここがゴールだと決めたゴミ箱とゴミ箱の間にボールを蹴りこむという大雑把なサッカー。それが本当に楽しかった。

毎日毎日サッカーをしていました。男子と一緒にサッカーをしていると、時々、上級生が「女のくせにサッカーをしている奴がいる。中性だ」とからかってくることがありました。そんな時は、腹が立って、くやし泣き。でも、いつもサッカーをしてた友達はそんなことは言わず。だから、サッカー選手に女がいないことも突き詰めて考えていませんでした。私は運動神経があまりよくないけど、体は大きかった。小学生の頃はまだまだ体の大きさで運動能力をごまかせます。私は、漠然とですが、サッカー選手になった自分をたまに想像して、試合風景を思い描いていました。

状況が変わったのは、小学校高学年になり転校してからです。前の学校では私がサッカーをするのは当たり前。しかし、新しい学校では男子の遊びに女子が入るのは当たり前ではない。男子の仲間になることには許可が必要でした。リーダー格の男子は、私に言いました。「テストしてやる」と。球技についての実技テストが放課後、クラスの男子の前で実施され、一応は合格。やっと新しい学校でも男子と遊べることになった！　と思ったのですが、前とは違って、自然に誘われるのではなく、一生懸命、私からアプローチしてやっと入れてもらえるという感じ。「お前、女？」と一緒に遊んでいる男子に言われるのも度々。ただ単にサッカーしたいだけなのに、面倒くさ過ぎました。

だんだん私は男子と遊ばなくなりました。女子と遊ぶための決まり（好きな芸能人を決める等）を徐々に学びながら、女子と遊びだしました。けど、一緒に遊ぶ女子は一応できたものの、安心できる女子の友達はできず。女子と遊ぶことは全くしっくりときませんでした。それでも、ともかく11歳ごろには男子とは全く遊ばなくなり、ボールを蹴るのは、地域の女子スポーツクラブのキックベースだけ。サッカーはしなくなりました。私のサッカーの旅はたった2年で終わりました。

高校生の頃に、Jリーグが発足。サッカーブームが到来し、サッカーは私の前にまた現れました。けれど、私はもうサッカーをしようとは思いませんでした。サッカーをしなくなってからの数年で、私は体を動かすことの楽しさを忘れました。体を動かすことはうっとうしい事と思うようになり、スポーツと自分は無関係と思うようになっていました。スポーツをして嬉しそうにしたり、楽しそうにしている同級生のことを小馬鹿にしていたと思います。

そんな私が、20年ぶりにめちゃくちゃボールを蹴りたくなっています。きっかけは、「モーニング娘。（アイドルグループ）」。モーニング娘。好きの友人からコンサート映像を見せられ、はつらつとした踊りっぷりに感動。見ているだけなのに、体を動かす楽しさを感じました。そして、友人に聞けば、モーニング娘。の中の数人がフットサル（大まかに言うと、ミニサッカー）をやってるとの事。そこで、そのフットサルチーム（チーム名は、ガッタス。正式にはGatas Brilhantes H.P.［＊1］）メンバーのインタビュー集［＊2］を読んでみました。ガッタスには監督やコーチもいて、テクニックや戦術があり、私がやっていた草サッカーとは違い、やっていることは高度なようでした。でも、そこにはフットサルを単純に楽しんでいる言葉がいっぱい書かれていました。その言葉から私は、子どもの頃のサッカーの楽しさを思い出しました。

私が怒り、次第に諦めてしまったのは、女子である自分がサッカーしづらい状況だけだったはずなのに、サッカー自体を憎み、さめた目で見ているところが私にはありました。そして、私は、サッカーの楽しさを諦めていました。私がそんなつまんない状態になっている間に、時代は、女子のアイドルがボールを蹴って、それを商売にできる［＊3］ようになっていたのです。

サッカーという旅に入ることができるという選択肢、きっとそれはずっと私の前に在ったはずなのですが、ずっと在ることに気づきませんでした。やっと気づくことができて、私は、ただ今、非常にワクワクしています。

【初出・2006年8月】

註

［＊1］2003年春に、日本サッカー協会が「フットサルの普及」と「女子サッカーの応援」のための活動を、「モーニング娘。」らが所属する「ハロー！プロジェクト」に依頼したことが、ガッタスの発端。当初は期間限定の活動だったようだが、メンバーの何人かの続けたいとの希望が事務所を動かしたらしく、チームとして活動が継続することになり、ガッタスが2004年2月に発足した。

［＊2］伊部塁『スピリッツ　オブ　ガッタス――アイドルたちが素顔で語った「ゼロからのフットサル挑戦」の真実』（講談社・2005年）。

［＊3］『スピリッツ　オブ　ガッタス』の他、DVD（『万才！　フットサル』）等が発売されている。また、インターネットの動画配信サイト、GyaOで試合の様子が配信されており、コンテンツとして成立している。

アンパンマンはフェミ的か

＊

水島希

全国のフェミ的ファンのみなさま、こんにちは。自分が気に入っていた本がアマゾン・コムで「皇室関係の育児書」と紹介され、ショックを受けた水島です。現在、皇室出産便乗フェアは育児書&ベビーグッズが中心ですが、第二波は確実に絵本です。「皇室ゆかりの絵本」は紹介されるとベストセラーになります。じゃあアニメはどう？　あの子たちだって絶対テレビを見てるはず。だってゼロ歳なのに毎月25万円も国から支給されてるんだもの……。ちなみに私たちが受けとる育児手当は子ども一人あたり月5千円です。

それはさておき、海外の子ども向けアニメや絵本の中には、フェミっぽい登場人物が結構います。『バーバパパ』（フランス）の子どもの一人バーバ・リブはお部屋に左翼系ポスターを貼っているし、『ムーミン』（フィンランド）ではミムラ婦人がいろんな相手と子どもを作っていて新しい形の家族像が示されています（ミィとスナフキンは異父姉弟）。BBCの乳児番組『テレタビーズ』（イギリス）では、四人いるメインキャラの一人、ティンキーウィンキー（紫）が赤いハンドバッグ好きの男の子という設定で、ゲイのシンボルとしてLGBTパレードなどで使われていました。ディズニーでさえ、リロ&スティッチの中で主人公リロと同居している宇宙人プリークリーが、たぶん男子という設定なのですが、掃除好きで、よくカツラをかぶってお化粧し、リロの友人には自分のことをリロのおばさんと説明しています。

もう少し大きい子向けになると、ストーリーにもフェミ的なものが増えてきます。『ザ・シンプソンズ』（アメリカ）では次女リサ・シンプソンがフェミニストとして有名で、「男の子に好かれるようにお化粧品を買おう！」「考えすぎるとシワができるわよ」「私に聞かないで。女の子なんだから！」としゃべるバービーに似たマリブ人形に業を煮やし、「結婚を選択しても自分の名前のままでいるわ！」「自分を信じて。なんだってできるんだから！」と話すリサ人形を売り出すというエピソードがありました。［＊1］

また、スーパーパワーで世界を救う幼稚園児女子三人組が活躍する『パワー・パフ・ガールズ』（アメリカ）では、あこがれの「世界スーパーマン協会」に入れてもらおうとしたガールズたちが、入会テスト（力、スピード、問題解決能力競争）に合格したにも関わらず、「女の子だから」という理由で入会が却下される、という話なんかも出てきます。［＊2］

ここまで、海外アニメのフェミ的キャラをつまみ食い的に紹介してきました。このセレクトで子どもをアニメ漬けにすれば、フェミ的こどもが育つかも!?　しかしここで考えてみてください。皇室の子が見るのはたぶん日本のアニメです。「サザエさん」「ドラえもん」「クレヨンしんちゃん」などの長寿アニメは軒並み、家父長制&強制異性愛的家族像を描き続けています［＊3］が、日本ではフェミ的なアニメって無理なんでしょうか。今年4月に総合おもちゃメーカー「バンダイ」が行った、好きなキャラクター人気投票では、0歳から12歳の子どもの総合第一位は『それゆけ!アンパンマン』。二位の『プリキュア』『ポ

『バーバパパのいえさがし』講談社・1975年（初版）21頁より。あんまり左翼っぽくない!?

ケモン』（同順位）を抜いてダントツで、五年連続首位でした。［＊4］　特に低年齢層に圧倒的人気の『アンパンマン』、フェミ的にはどうでしょうか。

『それいけ！アンパンマン』は、1988年にアニメ放映がはじまってから、アンパン・しょくぱん・カレーパンの三人の「マン」に、メロンパンナという女子キャラが加わりました。メロンパンナ人気は高く、最初の放映直後に「もっとメロンパンナちゃんを出して！」という手紙が殺到したという伝説もあります。しかし、アンパンマンがアンパンチ、アンキックで相手をぶっとばすのに対し、メロンパンナの必殺技は「メロメロパンチ」。軽い接触で相手をへなへなのメロメロにし、攻撃心を失わせるという術（相手の目はハートになる）。女の戦い方は暴力じゃなく愛嬌だと言わんばかりです。アンパンマンのメインキャラを分析すれば、戦闘集団に女子が加わったところで割合は少なく、戦う場面ではやっぱり性別役割分業が実施されているという結論になります。

しかし！　アンパンマン最大の特徴は、脇役に人気が集まる点にあります。まわりの二歳児に聞いてみても、アンパンマンよりか、ホラーマン、ドキンちゃん、鉄火のマキちゃんなど、サブキャラに人気が集中。そして毎年公開される映画では更にサブキャラ層が際立った活躍をします。2002年公開の映画『それいけ！アンパンマン　ロールとローラうきぐも城の秘密』は、強い女子キャラの人間関係がテーマ。メロンパンナのお姉ちゃんロールパンナと、浮き雲城のローラ姫が、恋愛っぽいシスターフッドで結ばれるというストーリーです。ロールパンナは、ジャムおじさんがメロンパンナのために作ったお姉ちゃんなんですが、良い心と悪い心を持っていて、まごころ草が胸のハートに入ると妹想いの正義キャラに、ばいきん草が入るとアンパンマンに敵対するブラック・ロールパンナに変身します。そのため、アンパンマンやメロンパンナが住んでいるパン工場には住まず、独りで生活しています。一方、雲のお城に住むローラ姫も一人暮らし。普段は、作業着姿で世界の空気浄化事業に従事しています。ある日、故障した装置をローラがなおしていたところ、ロールパンナが通りかかり、作業を手伝うことに。これをきっかけに二人の間に信頼関係が生まれるのですが、他人を寄せ付けず独りで生活してきた二人は互いにぎこちなく、少しずつ自分の心を開いていく様子が描かれます。その中で、いくつも恋愛っぽいシーンが出てきます。

ローラ：な～、なんであたいなんかに付き合うんだ？
ロールパンナ：……好きなんだ。
ローラ：えっ？（頬を赤らめる）
ロールパンナ：（ローラをみつめながら）……花が。
ローラ：はは……（ちょっと苦笑い）。おまえ……きれいな目をしているな。
ロールパンナ：え？（じっとローラをみつめる）
ローラ：（さらに顔を赤らめながら）な、なんでもねぇよ。
私：きゃ～～‼（顔を赤らめる）

こうして信頼関係で結ばれたローラとロールパンナは、世界を汚れた空気でいっぱいにしようとするバイキンマンの野望を打ち砕きます。アンパンマンたちも手伝いますがあくまでサポート。この映画では女子二人が主人公です。このように、アンパンマンは元々の設定に限界はあるものの、映画という枠組みでは結構フェミ的なストーリーが展開されているのです。

リブの時代には、性差別的じゃない絵本を作ろうという運動もありました。今やアニメの時代です。さあ、今日からアニメチェック！　まだまだ現状は厳しいですが、その中でもフェミっぽい事例を蓄積していきたいもの。そして将来的には、設定もエピソードもばりばりフェミ（あるいは反天皇制、あるいはアンチヘテロセクシズム）という子ども向け反体制アニメを作りたいものです。

【初出・2006年10月】

★その後のこの話

その後というほど時間は経ってませんが、アンパンマンムービーにはまだまだ奥深いものがあるので紹介します。

『トンデレラ姫物語』(ウイメンズブックストア松香堂、1995年)はフェミニスト絵本として有名ですが、アンパンマンにもシンデレラを扱った作品があります。『それいけ!アンパンマン 空とぶ絵本とガラスの靴』(1996年)は、シンデレラのその後を描いた映画。魔人があらわれ、ガラスの靴が消え、荒れ果ててしまったおとぎの国が舞台です。シンデレラは魔法でカボチャの「かぼちゃん」になっており、王子は行方不明。アンパンマンたちはかぼちゃんのガラスの靴+王子探しを手伝うことになります。しかし、王子の剣が発見されるも王子本人はみつかりません。ついには剣を捨て過去の思い出と決別するかぼちゃん。「シンデレラに戻れなくたっていいんだ。もうなれちゃったしね♪」と前向きです。そして(ネタバレですが)、ガラスの谷にすむ魔人を倒してみると、実は魔法をかけられた王子だったという衝撃の事実が判明! やっぱ王子を倒さないとシンデレラは解放されないのでしょうか!? 自分が王子を倒しちゃったってことに気づいたかぼちゃんは一言、「知らなかった……。もっと話し合っていればこんなことには……」。話し合うってアンタ。家父長制に対抗する以上に、女子の破天荒な物語が築かれていることにうならされます。

他には、宝塚歌劇団を背景にしたような『それいけ!アンパンマン つきことしらたま~ときめきダンシング~』(2004年)がオススメ。ミュージカルを普及してまわっているしらたま(白玉団子)さまのお付き、つきこちゃんの成長物語です。バイキンマンの仲間になってしまったつきこに歌と踊りでアピールするしらたまさまが素敵。フィナーレも圧巻です。ちなみに、アンパンマン界の腐女子ドキンちゃんは、しょくぱんまんだけでなくしらたまさんの大ファン。二人が共演した際には舞台最前列に陣取り、ダテ眼鏡と法被姿で応援していました(『カレーパンマンとしらたまさん』。DVD「それいけ!アンパンマン'05 (7)」収録)。

女子がどんどん活躍するようになっているアンパンマンワールド。性役割が逆転していたりミックスされていたり、さまざまな在り様を目にすることができます。登場キャラが人間じゃないから性別役割分業から抜けられるのでしょうか?

さらに重要な点は、これらの作品が、大人が観て楽しい(フェミ的に)というだけではないことです。血縁によらない家族的な繋がりから、性別を問わない友情&恋愛関係まで、幅広い親密さが提示されているアンパンマン。私がみる限り、子どもたちはとてもリラックスしてアンパンマンを鑑賞し、受容しています。逆にいえば、子どもの感覚のなかには、家父長制や強制異性愛にのっとったアニメでは確実に否定されてしまうものがあるけれど、アンパンマン世界ならそれが許容される、ということなのではないでしょうか。ということで、大人も子どももぜひ観ていただきたい作品たちです。

★『それいけ!アンパンマン　ロールとローラうきぐも城のひみつ』(2002年)
原作・やなせたかし　監督・大賀俊二　脚本・米村正二　ゲスト声優・黒木瞳
(劇場版アンパンマンの14作目)

註

[＊1] The Simsons「Lisa vs. Malibu Stacy」(第5シーズン、エピソード#95)オリジナルは1994年2月放映。
[＊2] Power Puff Girls「Members' Only」(第4シーズン、エピソード#44)オリジナルは2002年6月放映。
[＊3] 2005年に全面リニューアルした『ドラえもん』。声優陣の交代以外に、しずかちゃん入浴シーンやのび太たちのちんこ丸出しシーンが自主規制により減るという変化もあった。しかし最新作の映画「ドラえもん　のび太の新魔界大冒険～7人の魔法使い～」(2007年)では、のび太が魔法でしずかちゃんのスカートめくりをし、ジャイアン・スネ夫がそれを見てよろこぶ(しずかちゃんは「やめて～～!」と叫んでいる)シーンが健在で、セクハラじゃん、と嫌な気分になった。親子連れが多く騒がしめの劇場が一瞬シーンとしていた。
[＊4] 調査結果は次のURL参照。http://www.bandai.co.jp/kodomo/question130.html

トイレだけが問題じゃない
機会は均等になってきたけれど

＊

薫薫

迫り来る便意（尿意でもＯＫ）に抗いつつ女子便所を探し走り回る。でも見つからない。どうしようもなくなって男子用に入った……女子の皆様、そんな経験ないですか？　私には関西の大学在学中に一度あり、「女子便所が少ないな。過激派のビラは多いけど、便所問題は訴えてないね。過激派にフェミっぽい女子がいるのに便所は成田空港［＊1］ほど先鋭化してないのかな？」という疑問を抱きました。関西からは身も心も遠い成田よりも我が身の便意。そんな私ですいません。

私の大学は敗戦後の学制改革までは学生も教師も男子だけだったせいか［＊2］女子が全学生の一割程度で、女子便所も少なかったのです。そういや戦前の東北帝大では女子の聴講があったけど、彼女たちはトイレをどうしたんだろう？

男子だけの学校や職場や施設に女子が進出しても、便所問題は何十年も引き摺るんだ……と個人的な経験から長い間、考えていたんだけど、看護師や保育士［＊3］などの養成コースのある学校で授業を始めて、女子だけの職場に男子が進出した時にも同様の問題があったかも、と気付くように。どちらの学校も男女共学になって何年も経つ2007年現在でも、女子学生が圧倒的多数で、男子は一〜二割程度。男子学生を受け入れた当初は教員用しか男子便所が無く、混乱が多かったとか。しかし現在、面積や便器数はともかく、場所としては男女同数揃い、問題は一応解決方向にあります。

ところがトイレよりも深刻なことが。一般的に看護師や保育士になるための専門科目の教師は、年齢の高いベテランが多く、それだけに女子ばかりの状況が当たり前の環境で専門教育を受け、仕事をしてきました。だから男子の看護師や保育士モデル、学生モデルを余り知らず、男子生徒がストレスを抱え込む状況を作ってしまいがち（生徒談）。そのため精神的不調を先輩や私のような一般教養の教師に訴える生徒もいて結構深刻です。もちろん看護や保育の専門知識も授業内容も男女同じ。先生も生徒の性別をことさら意識したり差別したりはしない。生徒もそれは分かっているので、教師を嫌っているわけではないんだけど。

ある男子看護師が言うには、長年「母性」とか「女ならではの感性」が強調されて、曖昧なままシノいできた分野だから、自覚の無いまま少数派の男子にストレスが掛かる結果になっちゃうんだよ、だとか。それは少数派女子として男子の多い理系にいた経験から分かる気がする。男子の先輩や先生が常識だ、と了解していることが私にはカルチャーショックってこともあったし。ただ、それはまだ緩いものでした。その点で民間会社はもっと激烈です。

民間会社で総合職採用された女子の問題は２００６年の11月13日放送のＮＨＫ『クローズアップ現代』で福沢恵子東京家政大学客員研究員（当時）が以下の四つにまとめました。（1）普通の男子なら教えてもらえる情報が女子にだけは伝わらず、情報から取り残されて仕事上不利になりがち。（2）失敗すると「××が失敗した」と個人名ではなく、「女が失敗した」と、女子という属性で見られる。（3）成功しても「例外だ」「女だから優遇されるんだ」とバイアスのかかった見方をされる。（4）総合職の仕事に加え「女性ならではの視点や気配り」を要求されてしまう。

思い当たりませんか？　私は「あるある！」と聞き入りました。同様のことが男子が少数派の職場や学校にもあるのです。例えば……（1）女子生徒は女子同士でつるむので、試験や実習の細かな情報が、女子だけで回ってしまい、男子が情報過疎状態になりがち。

男子に同学年の女子の恋人がいれば、その「情報の環」の端に入れるけど、情報到達が遅れる。女子の恋人がいなければ更に恋人のいる男子経由で情報が回ってくるからブランクが大きい。ブランクがあると、時間的に不利なだけでなく、伝言ゲーム形式に伝わる情報が変質・劣化してしまいがちで誤情報がやってくることになり、不利。（2）保育や看護の実習などで失敗すると「やっぱり男の子は器用じゃないわね」「男は家事を手伝わないからできないんだね」と男子の属性で評価される。（3）男子の少ないバレエ業界では男子が賞を取ると「同程度の実力なら、男が高く評価される世界」と言われる。［＊4］（4）多くの職場で、男子の保育士や看護師は「力仕事」や「不審者対策」を期待され、本来の保育や看護の職能以外に「男ならでは」のプラスアルファが求められる。

男女問わず、性比の偏りの大きい職場や学校で多数派側に属する先輩や上司が、「なんとなく」やってきたことを見直さないと、こういう問題は解決できないでしょう。

２００６年は男女雇用機会均等法施行から20年。二年ほど前から、NHKラジオ体操の号令役にも女子が頻繁に出演するようになりました。徐々に職場の性比の偏りは無くなりつつあります。少数派も多数派もお互いぜひ頑張っていただきたい。

でもどう頑張れば良いの？　それはとっても難しいけど、ヒントが教育テレビ『高校講座　家庭総合』にあります。少なくとも２００６年度放送分では番組の聞き手役は男子二人組のタレント。先生は女子が多いのですが、男子の南野忠晴氏［＊5］も出演。彼は１９８７年から翌年まで高校英語教諭をしつつ通信教育で家庭科を学べる日本女子大を探し出し、男子の自分を受け入れるよう交渉、家庭科教諭資格を取得したパイオニアの一人です。この家庭科男女共修運動関係者に影響され「家庭科教員をめざす男の会」を結成しました。この経歴から、自分が少数派を自覚し、問題に気付きにくい多数派にアピールし、少数派の人同士が助け合う場を作っていくことも大切だと分かります。

また氏は自分が少数派で苦労することが分かっても、その分野を志した初心を忘れず、職を得た後も発展させています。彼は「家庭科は生活者として最重要の科目」という発想から教師を志し、学び、授業を工夫し、生徒たちに熱心に伝えている。この姿勢は生徒だけでなく、同業者にも、社会にも家庭科の存在意義を訴える力になっています。こうしたプロ意識はどの職業人にも必要なことですが、苦しい立場にある少数派が、シッカリ意識することで少数派ゆえの苦労を飛び越える力になりましょう。少数派が苦労を何故背負わねばならないのか、という疑問は残りますが、現実は厳しい。

南野氏は「良妻賢母教育観念に固まった女子が家庭科に男子が参入することを嫌がっている」ことも指摘。多数派、既得権者は彼の言葉をきちんと考えるべきでしょう。

他にも色々ありますが、ともかく少数派の居場所確保をする、多数派や社会へのアピールをする、プロ意識を明確に自覚する、と少数派は生きやすくなる。固定観念で新参者を阻んでいないか、多数派は考える。それが性比に偏りのある場で生き、活性化するヒントだと思います。

【初出・2006年12月】

註

［＊1］当時、成田空港拡張工事反対を訴えるビラが多かった。
［＊2］女子事務職員はいたのか？
［＊3］何故「師」と「士」の違いがあるのか？　弁護「師」、医「士」ではイカンのかしら。
［＊4］バレエの歴史や技や業界事情に詳しい山岸涼子が描く『舞姫　テレプシコーラ』（メディアファクトリー）にもそうあった。
［＊5］http://www.jinken.ne.jp/gender/minamino/index.html

編著者紹介

あくまで実践　獣フェミニスト集団FROG（Feminism and Radical Onanie Group）

薫薫、水島希、もりもり☆アイアイの３人が立ち上げたフェミニズム活動グループ。1996年活動開始。女子オナニーをはじめ、売春、暴力、男女別トイレ、自分のからだ（副乳や「土手」含む）など、従来のフェミニズムが取りこぼしたテーマや、一面的な見方しか提示されていない事象を取り上げ、追求、実践している。活動内容は、ミニコミ誌『けもの道』（創刊準備号1996年～７号1998年）の発刊、各種バッヂ、ポストカードの作成、鍋をかこんでオナニーの話をするオナ鍋会の実施など。グループ名は、メンバーが『資料日本ウーマン・リブ史』（松香堂、全３巻）の中で感銘を受けたグループ名「思想集団S.E.X.」を真似てつけた。ちなみに「獣」は「けだもの」と読む。

―――以下、FROGメンバー３人の紹介。執筆順。

もりもり☆アイアイ（もりもり・あいあい）
→ p.8, p.46, p.56, p.61, p.73, p.92, p.114, p.164, p.178
やりたいことをぼちぼち追いかけていたら、三十路に突入。そろそろ決着つけて、自分のやりたいことを仕事にしたい昨今。本書では「FROG年表作成」を担当。Love Goods Shop の「Lovely Pop」で、ウェブマガジン「Good Vibe!!」を休み休みながらも、連載中。
Lovely Pop：http://www.lovelypop.com/maga/

水島希（みずしま・のぞみ）
→ p.10, p.30, p.52, p.71, p.73, p.110, p.117, p.140, p.156, p.160, p.182
FROGでグループ活動に目覚め、以降、SWASH（1999年～。2005年8月に退会）、モラルドーナツ（2001年～）、SW-rpm（2005年～）といろんなグループで活動してます。FROGでは土手高問題研究会（土問研）会長。1969年生まれの岡山育ち。理学博士。現在はジェンダーと科学、技術、医療関係の研究をしてます。本書では「FROGよりごあいさつ」と「活動のための小ネタ集」を担当。

薫薫（しゅんしゅん）　→ p.13, p.106, p.119, p.137, p.188
美味しい食べ物と面白いマンガとわくわくする出来事が大好き。最近は『イキガミ』（間瀬元朗、ヤングサンデー）『風林火山』（ＮＨＫ大河ドラマ）の続きが気になってしかたがない～（知らない人、ごめんなさい）。それから東海地方で数人の人たちとトークライブ主催団体をやってます。本書では活動のための小ネタ集」を担当。

著者紹介

※執筆順

三浦サツキ（みうら・さつき）　→ p.16
　最近就職するも３日で辞めてしまった33歳。これまで書店員、ライター、情報誌編集、派遣校正士などの職を経、そんなこんなで現在求職中。この文章を書いた頃（８年前)、私にとってフェミニズムという視点は社会のなかで自分がどんな立ち位置にいるのか、自分に何が起きているのか、ということを見つめる上で重要なもののひとつだった。現在は、ふけていく自分をどの様な像に向かって進ませて行くか悩む日々。

タミヤリョウコ（たみや・りょうこ）　→ p.18, p.33
　時給換算だと割のいい職業「売春」につき、捻出した時間で、売春関連その他の活動をしています。最近のイチオシ参加企画は７人の現役・元風俗嬢が自らについて書きつづるウェブコラム「風俗嬢ダイアリー」と、風俗の客向けパンフレット「ビッグプレジャーナイトマガジン」。どちらも画期的っス。現役風俗嬢ならではのグルーヴ感がウリです。SexyMountain 所属。
　風俗嬢ダイアリー：http://npo-gina.org/fdiary/
　SexyMountain：http://www.sexymountain.com/

滝波リサ（たきなみ・りさ）　→ p.18, p.56, p.136
　元ヘルス嬢＋個人売春を少々。まだ大学院生です。いまの社会の中で、風俗は最後の選択肢じゃなく、一発逆転の希望みたいになってると思う今日この頃。
　ＨＰ（2001年で終わってる）：http://www.geocities.co.jp/WallStreet-Bull/4076/

榎原裕史（えばら・ひろし）　→ p.22
　左翼活動家。

井上章子（いのうえ・しょうこ）　→ p.25
　井上章子はもちろん仮名です。最近はまってることは、韓国語学習と宝塚観劇です。韓国語には７年前も興味があったんですけど、宝塚にはまるなんて７年前には想像もしてなかったです。自分でもびっくり。中高年の女子としてあまりにベタな趣味ってのがキツイので、両方ともわりと秘密にしてたんですけど、去年あたりからようやくカムアウトできるようになってきまして、異人種だと思ってた専業主婦の皆さんとうまく交流できるようになった（偏見はなくなりましたっ）り、宝塚知識のない友達相手に延々宝塚の話をして無理矢理宝塚の話が通じる友達にしたり、いいかんじになってきております。「ヘテロではない」っていうカムアウトの何倍も勢いが要りましたし、時々「朝海ひかる愛」を語り過ぎてどんびきされたりもするけども、おおむねすばらしいですね、カムアウトって。宝塚のトップスターが年下になってしまった世代（40代のことを宝塚がらみで表現）の女子としてしんどいことも多いけども、同じ関西に

「友情と熱血の女子たちが500人近くいるのだわ（宝塚歌劇団の本拠地は兵庫県宝塚市）」と思うと、この世が輝いて見え、♪Joyful～Joyful～♪と鼻歌が出て来るというのが近況です。
ブログ：http://d.hatena.ne.jp/maki-ryu/

竹下美穂（たけした・みほ）　→ p.36, p.137
ジェンダーと国際関係というテーマでうろうろしている。沖縄米軍基地問題と取り組む草の根の女性たちがアート性豊かにいきいき平和を創造する姿に国際的な平和運動との共通点を見ている。自分なりにフェミでアートでエコでローカルでグローバルな活動をしたいとビデオカメラを使った地域興し活動に2006年から参加。大学助手。アジア女性資料センター会員。VAWW-NET会員。

ドラヒップ（どらひっぷ）　→ p.49, p.136
1996年に結成。現在は、むうとんとしじょうの二人組でライブをしています。衣装を着て、MDの曲に合わせて歌ったり踊ったりしますよ。ドラヒップはライフワークなのです。60歳を超えた辺りからが面白いと思っているので、とっても楽しみです。いつの日かどこかであなたと出会えますように。
ドラヒップweb：http://www.dorahip.com/index.html

田中課長（たなかかちょう）　→ p.56, p.77
京都在住。関東近郊で配られている風俗求人誌モモコで性感染症コラム「フーゾク虎の穴」を連載しています。読者すべてが現役風俗嬢か風俗嬢予備軍の媒体で、性感染症のこと書けるのは本当にありがたいです。
ブログ「Climbing Camels」：http://kaitenchu.gonna.jp/
フーゾク虎の穴：http://momoco.ch/tora/index.html

新黒カネコ（にいぐろ・かねこ）　→ p.56
難しいフェミニズム本を読むよりも、日常のささいな「フェミ的」を見つける事に情熱を燃やす29歳。デモの中にも存在するジェンダー的役割に嫌気がさし、仲間たちと女子デモを敢行！　普段裏方に回りがちだった女子たちがキラキラ輝いた四条河原町、あぁ今でも忘れまい。

麻姑仙女（まこ・せんにょ）　→ p.64, p.139
元オトコ、「性転換」してレズビアン・フェミニストを名乗る40代ワーキングプアのTG活動家。エイズ啓発活動にも携わる。最近はセクシュアリティやジェンダーより稼ぎだとしみじみ思う。共著に『改訂版・21世紀のジェンダー論』（晃洋書房、2004年）、『市民的共生の経済学　三　家族へのまなざし』（弘文堂、2001年）がある。牡羊座、A型、三碧木星。

早野あづさ（はやの・あづさ）　→ p.69
　動物の勉強をして、その道の職業に就きたい！と夢見てはや？年。理学博士という称号は持ちながら、ぼちぼち40代も見えて来たというのに無職。アクティビティは低いけど、性別とか思想とか文化とかにからんで、イヤな思いをしたりイヤな言動を見聞きしないですむような世の中を願う者です。

キグ（きぐ）　→ p.53, p.81, p.135
　2001年モラルドーナツ発足メンバーの内の一人（モラルドーナツとは京都を拠点として、さまざまなセックスに役立つ情報や選択肢を発信していくグループです）。これを機に、長年に渡り抑圧され続けてきた私の性を解放。その後やや解放しすぎて行き過ぎる事もちらほら。好きだった東洋思想を仕事に、現在は鍼灸師として活動中。
　モラルドーナツHP：http://www.geocities.co.jp/moraldoughnut/

荒木菜穂（あらき・なほ）　→ p.96, p.133
　最近増加中「フェミ嫌いなフェミ」。そんな自分を分析したい自意識系院生(笑)。いろんな世代のフェミ友が欲しいです（当方もうすぐ三十路@将来への塊のような不安)。『女性学年報』という雑誌の編集してます。女性学の今、ぜひ手にとってみて下さい&投稿もよろしく。へたれフェミサイト「ラメとロックと薔薇と蝶々とフェミニズム」http://www.geocities.jp/arakinaho68697071/ も。

陰毛如来＋尻毛観音（いんもうにょらい＋しりげかんのん）　→ p.101, p.131
　フェミニスト姉妹。できることなら普通に暮らしたいが、問題が起こるところに居合わせる事が多く、ついついクビをつっこむことに！

小島恭美（こじま・きょうみ）　→ p.121
　ノーステキサス大学と京都大学大学院で人類学（特にジェンダー関連）を勉強後、現在マーケティングリサーチャーとして消費者心理を日々研究中。仕事上、日常的に一般消費者にインタビューを行っており、刻々と移り行く時代を肌で感じている。特に若者文化に関わったり、若者の深層心理を探らなくてはいけない機会が多く、もう既に若い人にはついていけなくなっている自分とも日々悪戦苦闘中。

浦島花子（うらしま・はなこ）　→ p.125, p.134, p.142, p.152, p.168
　生物の形と生き方に関心あり。社会や文化の話にも興味津々。フェミニズムには賛成の部分と、疑問の部分があるが、今のバックラッシュはとっても危険だと認識→「何とかしなきゃならんね」と考慮中。

松坂あまら（まつざか・あまら）　→ p.129, p.139

職業、幼児教材関係事務。最近思ってることは、日の丸君が代朝礼のない小学校ひとつくらい作ってもいいんじゃない？　ピースを感じる場所１０９。

武石藍（たけいし・あい）　→ p.137, p.148

1976年東京生まれ。“読めない文字”について考察した「文字霊考」（未刊）、一年間毎日自分宛に空メールを転送し続けた「転送」などのコンセプチュアルな美術作品を作っていたが、西洋占星術期を経て、現在はキュート“系”妙齢ギャルバン等でベースを弾いたりしております。

ＨＰ：http://homepage.mac.com/takeishiai/

小菅由美子（こすげ・ゆみこ）　→ p.135, p.160

1977年、愛知県生まれ。ライター。特技は泣くことと笑うこと。映画のウキウキを伝える趣味人向け情報サイト【テアトル・ラボ】を運営中。

テアトル・ラボ：http://theatre-labo.com/

長山智香子（ながやま・ちかこ）　→ p.138, p.172

社会学、ジェンダー研究、映画学の研究に携わる傍ら、サルサバンドのフルート奏者や路上マリンバ奏者として京都とトロントのサブカルチャーに接近。C・ルマリーン監督『歴史の傷』（2004年）の字幕翻訳を機に、日本の戦時記憶とポピュラー文化の関わりを探究。2007年4月現在はトロント大学・オンタリオ州立教育研究所在学で、博士論文としてディアスポラ的〈わたし〉の視点から女優「李香蘭」の映画を考察中。

黛公音（まゆずみ・きみね）　→ p.172

現在、トロント大学のオンタリオ教育研究所（OISE）にて、Sociology an d Equity Studies in Education 学部の博士課程。研究における興味は、北米の高等教育においての移民女性問題、アジア人女性教授の経験、日本の地方に生活する女性、Indigenous knowledges, transnational feminist framework, healing 等。

ぱやぱや　→ p. XVI-XVII，カバー＆本文イラスト

ゲバゲバオナッコ作者。テレビのない田舎暮らしから数年ぶりに都会に戻る。元々世事に疎いのに輪をかけ、浮世離れ。ニュースのソースは電車の吊広告。ってヤバイね。パーマカルチャーに興味あり。

FROGニューズレター『けもの道』

「FROGの活動の様子をわかっていただけたら」と思い、ミニコミ「けもの道」から以下抜粋してお届けします。

執筆から時間が経っておりますので、情報が古くなっているところもあります。また、現在私はおのれの声が問題になるようなオナニーはしておらず、「おのれの声問題」が消滅しているように、「今はそうじゃない」というところもありますが、当時の雰囲気を知っていただければと思い、誤字脱字等以外はそのまま掲載しております。　（もりもり☆アイアイ）

エロおやじイメージの消費 …………………… 水島希

「実際にはエロおやじと関わりたいとは思ってないのに、オナニーの際にエロおやじをズリネタとして用いる」という行為は、純粋に「エロおやじ」のイメージのみを性欲解消に用いていると言える。この場合のエロおやじイメージはたとえば「ええやないかええやないか」「いややゆうても体は正直や」（なぜか関西弁）などである。今回のギャルフロでも、エロ本を拾ったり、購入したり、エロビデオを見たり、とエロおやじイメージの収集に余念がない様子が見受けられた。「エロおやじ」に限らず、実際の女とは関係ない「女」イメージ（たとえば娼婦や処女や母イメージ）がポルノとして大量に消費されているように、実は結構「エロおやじ」イメージも消費されているのかもしれない。

しかしここで強調しておきたいのは、「エロおやじイメージを消費している」ことが「エロおやじをセックスの対象としている」ことを意味しているとは限らない、ということだ。「エロおやじをセックスの対象としている」からオナニーで「エロおやじイメージを消費している」という人もいるかもしれないが、すべての人がそうであるわけではない。よく、ポルノ批判で「ポルノビデオや雑誌は性犯罪（たとえばレイプ）を助長する」といわれるが、それはこの「イメージを消費」＝「セックスの対象」という図式が当然とされているからではないか？

と考え、男の友達に聞いてみた。オナニーのときに使うズリネタ（オナニーの対象）と実際にセックスしたいと思うか？　周りにいる人４人中、やってもいい２人、やりたくない２人でした。しかしこれではあまりにもサンプル数が少ないので、性別は問わず、読者の人はぜひ答えをお寄せください。

【FROG『けもの道』第２号（1996年）より転載第２回FROG定例総会報告（ギャルフロ形式）・「今月のキーワード」。】

アメリカけもの道　HITACHI ……………………………………もりもり☆アイアイ

「突然サドンリー・ハップン起こるはチャンバラサウンド。ディス・イズ・ミスター勇の近藤、チャンバラ男のオーソリティー」ってなトニー谷な英語力のまま、この春、10日間

ほどアメリカ旅行に行ってまいりました。

　アメリカだろうが、そこがどこだろうが、進むは「けもの道」。そう「BEAST ROAD」でございます。というわけで、進んできましたよ、けもの道。そして、すばらしいものを入手いたしました。それは「Eve's Garden」という、女性のための、いわゆる大人のおもちゃの店のカタログです。おなじみの熊とこけしのバイブの図なども載っていて、見ているだけでも楽しめますが、じっくり読むとなお面白い。

　それでは中を具体的に紹介していきましょう。まず、1ページ目をめくりますと、そこにはマッサージ機の図あり。コピーには「THE MAGIC WAND BY HITACHI」（日立製・魔法の杖）。そうあの日立でございます。「野菜中心蔵」とかいう冷蔵庫の宣伝で「野菜は日立」とか言っている、あの日立です。このカタログを開いていきなり、そこに日立を見つけた時の気分というのは、たとえていうと日本からの旅行者が中国のペキンで吉野屋を見つけた時のはしゃぐ気分に似ておりましょう。このマッサージ機は、日本でも肩もみ用などとして電気店で売り出されているもので、連載が終わってしまって残念なマンガ『いぬ』でも、1巻で高木清美が使ってすごかったという、あれと同じタイプのものです。オナニーのグランドマザーといわれている、ベティ・ドットソンという人がワークショップでこれを使っていたので、Eve's Gardenで売り始めたと説明にはあります。購入者からは「これは、オーガズムを得るのにすげぇいいですわ」という声が寄せられているそう。価格は$42.00。日立で、「地上のエロ天国」へ。アメリカのけだものフェミニストの間では、「オナニーは日立」なのかも。

　他にこのカタログでは、マッサージ機やバイブ、張り型、ペニスバンド等のグッズ紹介や、ビデオやテープの紹介（ベティ・ドットソンのワークショップを撮ったビデオもある）、そして本の紹介があります。本は結構たくさん紹介されていて、興味深いものがたくさんです。紹介されている本の中には、アメリカで買ってきたものもあるので、そのうち紹介できるやもしれません。それから、カタログを見てみたい方は、ミーティングに持っていきますので、そのときにどうぞ。

【FROG『けもの道』第4号（1997年）より転載】

生理用品表面化の会（仮称）。
…………………………………………… 代表・水島希

生理用品、ナプキンやタンポンを隠しつつトイレにもっていくのはなぜか。恥ずかしいことだからか？　生理だとバレたらたいへんなことに？　からかわれたりとか、襲われたりするかも？　鉄くさいとか、血をつけるな、とかいわれる？

生理用品を購入するときに、紙袋に入れられるのも変ではないか？

これと同様の問題に、コンドームを買うときに紙袋にいれるのはなぜ？（コンドーム表面化の会）、排尿音を消そうとするのはなぜ（排尿音表面化の会）というのもあり。

具体的な行動（案）。

〈生理用品表面化の会〉
1）ナプキンを手にもってトイレへ行く。
2）タンポンを手にもってトイレに行く。
3）ナプキン・タンポンを部屋におく際に、隠さず、手にとりやすい場に置く。
4）ナプキン・タンポンを購入する時、店員が紙袋に入れてくれそうになったら断る。例）「あ、そのままで。」「あ、そのままでいいです。すぐ使いますから」

〈コンドーム表面化の会〉
1）コンドームは自動販売機ではなく、お店で購入する。
2）コンドームを部屋におく際に、隠さず、手にとりやすい場に置く。
3）コンドームを購入する時、店員が紙袋に入れてくれそうになったら断る。
例）「あ、そのままで。」「あ、そのままでいいです。すぐ使いますから」

〈排尿音表面化の会〉
1）トイレで排尿するときには水を流さない。あとから流す。
2）水を流している音と区別させるために、ときどきしっこを切ってみる。

今日からできるエクササイズメモ

1）「あ、そのままで。」
「あ、そのままでいいです。すぐ使いますから。」
（鏡に向かって。または、友人と交互に店員・客役を。）
2）しっこを切る練習。

【FROG『けもの道』第5号（1997年）より転載】

体験手記　赤塚不二夫は私の教祖でした（知らないうちにマインドコントロールされていた元信者Aさんの手記より）…………………… 薫薫

私が小学校の図書館で読んだ赤塚不二夫の本にこういう記述があった。「僕（赤塚不二夫のこと）はしっこを止められるが、女の子はしっこを止められない」と。生物学的に女子の私はその本の内容を実際に検討する羽目に陥った。ちなみに赤塚不二夫は彼の友人女子のしっこをするところを見ていてそう結論づけたそうだ。

その事件が起きたのは、忘れもしない小学校5年生の時のことであった。小学校からの楽しい帰り道。友人達と談笑しつつ果樹園を通った時に嫌な予感が下腹の辺りからやってきた。ちなみに果樹園とはリンゴやサクラン

ボの畑のことである。その予感が確信に変わった時は既に遅かった。しっこが我慢の限界にきたのである。理性で感知する前に。「ちょっと、先行ってて！しっこが出るから果樹園の中にしてくる〜」と果樹園の中に消えようとしたとき、膀胱と尿道は耐えきれなくなり、しっこは漏れてしまったのである。「止めてみせる！ここで止めなければ!!!」心に強く思ったにも関わらず、しっこは蛇口の壊れた水道の如く溢れたのである。ズボンから。長ズボンだったのがせめてもの救いだった。半ズボンだったらもっと明瞭にしっこの流れが明確だったろう。

しっこは長ズボンをしっとりというよりビッショリと散々に湿らせた後にやっと止まった。恥ずかしかったせいもあるが、そのような心理的効果を差し引いても、お漏らし時間はかなり長かったと思う。衆人環視の中で、「しっこは止められない」という赤塚不二夫の言と共に「しっこの最中は走ってその場を後にしようと思っても、走るどころか歩けない」ということまで身を持って体験してしまった私に、その場で言えた言葉は「ははは……」のみであった。友人達は男子だったので、その事態がすぐには飲み込めなかったようだ、多分。数秒後事態を理解した友人達は「しっこ飛ばし大会」を開催した、何故か（というよりフォローしてくれたんだろうな、やっぱり）。いつもは審判役しかしなかった私は選手として飛距離約０ｍの最初で最後の記録を残し、ズボンをはきかえに家へ走った。しっこ漏らし最中はちっとも走れなかった足は、濡れたズボンをまといながらよく動いた。

その時から私は「女子はしっこを止められない。しっこの最中は移動が難しい」と思いこんでしまった。ところが！である。FROGのメンバーからしっこ止めの話を聞き、更には泳ぎながら排泄する、という話を聞いた日には、ショックが大きかった。「ナント!!」私はお漏らしを人前であんなに長い時間晒すことはなかったのかもしれない!!!もしかしたら、赤塚不二夫の言葉にダマされていたのかも、マインドコントロールされていただけかもしれない!!

メンバーの言葉を聞いてしっこを止める試みをしたことは言うまでもない。その成果はすぐ上がった。やれると思ってするとこんなに簡単なことだったとは。こんなことはしっこ止めに限らずいろんな場面であったのだろうし、今でもあるのかもしれない。勿論どうしても無理っぽいこともあるかもしれないが。

結局私は瞬く間にどのようにすればしっこを止められるか、というのは完全に把握した。しっこよ、ドンとこいである。股のある部分に力を入れれば良いのだ。「ある部分」というのを言葉にするのは難しいけど。この難しさが「しっこは女の子の身体でも止められる」という情報を伝えにくくしている一因であろう。このようなこともいろんな場面で見られるだろう。FROGで以前から話題になったりしていた「まんこ」とはどの辺か？ということと似ている事態だと思った。

さて、しっこは目出たく止められるようになった私であるが、移動しながらしっこをする技はまだ身につけていない。走りながらし

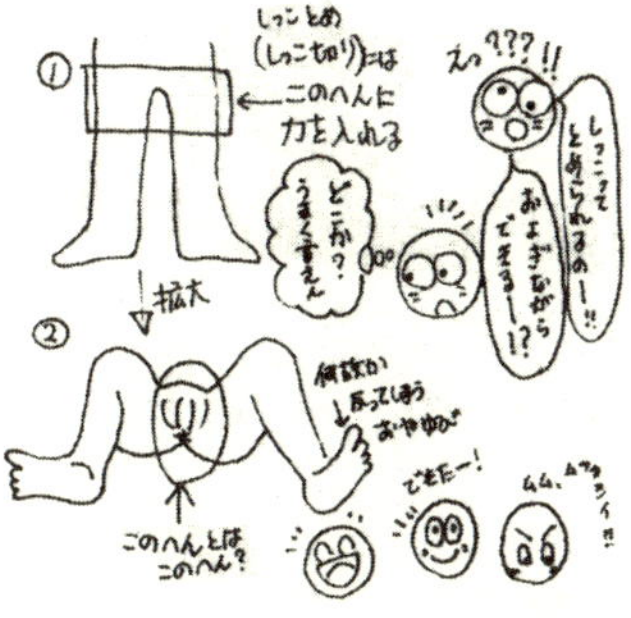

っこをするのが私の次の目標です。でも、練習する方法から考えないとねぇ。誰か100m、いや10mくらいの個室があるトイレをお持ちでないでしょうか？しっこを漏らしても良い床の。是非ご一報を。
【FROG『けもの道』第6号(1998年)より転載】

オナニーと音について

もりもり☆アイアイ

一人暮らしだが、とても壁が薄く、防音などあったもんじゃない住居に住んでいる私にとって、オナニー時の音問題は重大です。オナニー時の音問題には2つあり、1つは電動器具の使用に伴うモーター音問題、もう1つはおのれの声問題です。1つ目については、電動器具を使わない、というのが解決策の1つだと思うのですが、私のオナニーのほぼ90%以上が電動器具使用のものである今、それは無理というものですし、音問題にそういう形で屈せずにいたいものです。

ほかの解決策としては、音のあまりしない電動器具を使うという手がありますが、貧乏な私は買って試すということができず、しかも「DIME」誌等にもこの手のものの商品比較は載っていないようなので、なかなかそのような電動器具を探せずにいます。口コミでも有力な情報が得られておりません。かなり強力な振動もおこせ、なおかつ電力切れを心配しなくてもよい、という理由で、家庭用マッサージ機を私は使用しているのですが、どなたかこういったもので音の小さな製品（できれば安価なもの）をご存じありますまいか、ご存じの方はご一報いただけると大変嬉しく思います。

考えられる解決策がすぐには実行できるものでない今、私がとりあえずとっている消極的な解決策は、音をかき消すために大きく別の音をならすというものです。別の音というのはテレビやCD、ラジオの音なのですが、中でもCDでお気に入りの音楽をかけながら音にあわせて盛り上がっていく時の気持ち良さは格別で、単なる音消し以上の効果があり、一石二鳥です。

一石二鳥だし、ならこれでいいじゃないかとも思えますが、これだとモーター音だけのほうがまだ静かでいいという、近隣住民からの苦情が出てくる可能性も考えられます。しかし、モーター音だけならそうかもしれませんが、私はおのれの声をも重要視してオナニーをしておりますので、モーター音にさらに私の声付きだと、うるさくなっても音を消してくれ、と言われそうです。しかも、私はオナニー時、一人二役で声を出すため、二倍のうるささであると考えられますので、これではますます音消しの音をかぶせるように頼まれそうな気がします。本当は、近隣の方々に、そのままがいいか、音消し音をかけた方がいいか、を聞いて回るのが筋かと思いますが、そうして聞いて回ると、モーター音がする時、または音のうるさい時はこりゃオナニーしているなと知らせて回っているも同然で、若干気恥ずかしさがあります。また、そもそもそういうことを尋ねて回られること自体がイヤな人もいるかもしれず、なかなか聞いてまわることができません。そういうわけで、結局のところ、私の部屋では、日々、モーター音と声とテレビ音等がうずまいております、たまには、静寂の中でしてみたいものです。さて皆様は、どのようにしてオナニーと音の問題に取り組まれてますでしょうか。よろしければ、ご意見お聞かせくださいませ。
【FROG『けもの道』第6号(1998年)より転載】

FROG
ニューズレター
『けもの道』

創刊準備号（1996年4月）

FROGニューズレター　創刊準備号

けもの道

あくまで実践　獣フェミニスト集団 FROG

編集・発行FROG／1996年4月12日（毎月一回発行）

—今月のけもの道—

ＦＲＯＧ設立…(1) オナニーとセックスと愛と性欲（水島）…(1) ＦＲＯＧ推薦図書紹介第一弾『いぬ』（モリアイ）…(2-3) オナニーとは何を指すのか？（薫薫）…(3-4) オナ漫画（ぱやぱや）(4) オナニー関連用語解説（水島）…(4)

FROG設立

『あくまで実践。けだものフェミニスト集団FROG (Feminism and Radical Onanie Group)』は、1996年3月にできたよごれ・アホ・フェミニスト集団です。

FROGは、従来の研究者中心のフェミニズムではフォローしきれなかった（と思われる）ダークサイド・オブ・フェミニズム、主にオナニー問題・風俗問題に焦点をあて活動していきます。

FROG活動予定

やること

- バッヂ作成
- 月例総会
- ニューズレター発行（月一回）
- 情報交換
- 季刊誌発行
- 論文投稿（業績）

オナニーとセックスと愛と性欲

水島　希

因果関係でつながっているか？

性欲と愛、セックス、オナニーの関係は、

愛＋性欲＝セックス　とか、

性欲→セックス（だめなら）オナニー

などの因果型や、

など、

ヒエラルキー型で語られることが多いように思う。

ここでは一般的に連続体と見られているこの愛〜性欲〜セックス〜オナニーをそれぞれ独立体として分離します。

性的魅力を感じる対象は？

例えば私は漫画などで「はげおやじにむりやり犯されている」シーン（図1）なんかをみると「お。いける」等思うのですが、

（図1）「いぬ」より

それは、

- 性的魅力（私基準）が「はげおやじ」にある。
- 私は「はげおやじ」とセックスしたい。
- 私は「はげおやじにむりやり犯されたい」。

（次ページへ→）

・私は「はげおやじにむりやり犯されたい」ができないのでオナニーしている。
・私は「はげおやじ」を愛している。
ということを全然示していない。
セックスをしたかったわけでも愛が欲しかったわけでもなく、「はげおやじにむりやり犯される」というシチュエーションが気に入っていて、そういうシーンをみると「一発（オナニーを）やっとくか」という気になるのでやっているだけだ。（純粋にオナニーのためのオナニー。）だから例えば、誰かとセックスをしているときに無理やりぐわーっとやられて「こういうのがええんやろ」とか言われようものなら、気分はもう萎え萎えだ。

ではセックスとは。
私にとってセックスは人間交流としての重要性が高い。性欲解消のためではなく、コミュニケーション促進という意味合いでセックスが用いられることが多い。性行為をすると、何か、する前より人間間の距離が近づいた（ふところに体当り）ような感じがして、その後、言えなかった事が言えたりする、という利点がある。あと、基本的に私は他人がいると無意識のうちに緊張していることが多いので、セックスが即、性欲解消になることはあんまりない。

結論。
（1）セックスとオナニーでは目的が違う場合あり。（2）愛とセックス、愛とオナニーはあんまし関連がないかも。（3）性欲＝セックス欲とは限らない（私の場合、性欲＝オナニー欲に近い）。などが考えられる。
　連続体と考えられているこれらの行為を分解するために、自分の性欲がどこに向いているかということをこまかくこまかく考えてみる、というのはすごく有効な手段だと思う。結果がわかった人は教えて下さい。

FROG推薦図書紹介第一弾

YSコミックス『いぬ』1～3巻発売中

柏木ハルコ小学館（ヤングサンデー連載中）

モリアイ

「いぬ」1巻表紙

『いぬ』の始まりはこうだ。
高木清美は中学生の時以来、飼犬「ビリー」を使いバター犬オナニーをしてきた。しかし、とうとう「ビリー」は糖尿病のため死んでしまう。そこで、清美はバター犬オナニーに代わるオナニーを探究することになったのだった。

だいたい、女のオナニー話というのはあまり読んだり、聞いたりする機会が、そもそも無い。そう言えば、と記憶をたどって行くと、中学生ぐらいに『ポップティーン』とかの女の子向けH雑誌にオナニー話がいくつか載っていたこともあったような気がする。それは女の子が投稿してきたもので、イラスト付き直筆手記のようなやつだった。内容についてはほとんど覚えていない。当時私は、『ポップティーン』の他にも、ヘテロの男向けのエロ雑誌とかも友人達（♀）と回し読みしていた。おそらく友人達も『ポップティーン』のオナニー話を読んでいたように思うのだが、セックスの話や男のオナニー話をすることはあっても、女のオナニーが話題になることはなかったように思う。そ

（→続き）うしてまた、高校の時もセックスの話とかはあれど、オナニー、特に女のオナニー話は聞くことも、話すこともなかった。つい最近までは私は自分のオナニー話なぞ、全く人に話したことなどなかったし、女がオナニー話をするのを面と向かって聞いたことなどなかったのである。

まあ、そんなある時『いぬ』を読んだ。なかなか衝撃的だった。まず、女のオナニー話であるというのが驚きだった。次の驚きは、おそらくは作者が女性であるらしいし、更には、女の「オナニー」の話をバカなヘテロ男の思い込みの論理で描いているものではない、つまり、例えば「何でも、挿入が一番で、挿入無しということは考えられない」とかといった、チンポ至上主義で描いたものでないということについてだった。女のオナニー話はスポーツ新聞とかで読んだこともあったが、何かそれは実に嘘くさく、たぶんにステレオタイプ化されたものばかりだった。何か見事にどれもチンポ至上主義で、つまらなかった。『いぬ』はそういうものとは明らかに違っていて、とても面白い。もしまだ読んだことがないという方にはぜひお勧めしたい。清美のセックス観やオナニー観、愛情についての考えなどはなかなか興味深いものだ。ここでは詳しくは書かないので、まあ読んでみてください。

それにしてもオナニーの話は何故かくもタブーなのか？理由は主に２つと私は思うが、１つはオナニーが性欲丸出し行為だからではなかろうか。セックスは愛のあかしとか、いろいろと性欲が動機じゃないと誤魔化すことができる。しかし、オナニーはそうはいかない。そして、女は性欲があってはならないとか、女は性欲があまり無い、とされているから、女のオナニーは男のオナニーよりタブーになっているのではないだろうか。もう一つの理由はオナニーが一人でするものであるから、のように私は思う。一人でいることを即ち孤独と考える人がいる。まぁ、その人はそうかもしれないが、誰もをそうと考えるのはいらぬお節介。一人身でかわいそうとか、独身者に言う人もいるようだけど、ほんとにいらぬお世話だ。一人である、一人でいる、ということはとかく非難される。そして一人でするものであるオナニーも恥ずかしいことだとか、情けないことみたいに言われたり、思われたりしているのではないだろうか。

『いぬ』、しつこいようだが、まだの方はぜひ一度。そして、オナニーのことが載っている本でこんなおもしろいのがあるとか映画があるだとか、お知りの方はよかったら教えてください。オナニー情報交換しましょう。この文の感想も待っています。それでは、また。

オナニーとは何を指すのか

薫薫

私はほとんどいわゆるオナニーをしたことがない。というよりどのような行為がオナニーなのか分からないのだ。私はこれまでオナニーとは実際に身体に直接的にしろ間接的にしろ触れることが必要なのかと思っていたし、そう思っている人も多いのではないだろうか？ところがFrogに参加するに当たってオナニーをもう一度考えてみた。その結果（というほどのモンではないが）実際に身体に触れるということだけがオナニーではないのではないかなあと思っている。

例えば吉田秋生というマンガ家がいる。彼女の書いたマンガ（吉祥天女）の中に美人の主人公が次のようにいうシーンがある。それは男が妄想の中で何度も自分のことを犯したかを自分は知っている、という場面である。この場面や主人公の立場からはそのことが悪いという否定的な意味合いで使われているが、とりあえず本稿ではそれに関してはおいておこう。ここではそのような例を挙げるまでもなかったのかも知れないがオナニーとはなんであるかの主題に沿ってこの例を使う。つまり何らかの性的な想像をするということもオナニーの範疇に入るのではなかろうか？と思った次第である。まあどこまでが性的な想像か？といわれればうまく答えられないが。

（→次ページに続く）

(前ページ続き→)私自身のことをいえばかなり年をとるまで性的なものに嫌悪感を、それもかなりきょーれつな嫌悪感を持っていた。実は最近も以前ほど強烈ではないが嫌悪感がある。理屈では基本的にどーでもよいと思っているが。というわけで身体に触れることのあるオナニーはどうもやる気が起こらない。ところで小学生の時テレビ番組の中で「未来少年コナン」というアニメがあった。(宮崎駿という有名アニメ制作者がかなり関わっていたらしい。NHKで放送されたのが最初らしい) その中で主人公であるコナン少年が海の底に沈み浮き上がれなくなった状態にいるピンチの時、ヒロインのラナが彼に口移しで空気を渡すシーンがある。(あとで調べてみたところ第8話らしい) 私はこのシーンを何度も思い返してはどきどきしていた。よく考えてみるとこれもオナニーなんだろうと思っている。(とすれば最初に書いたほとんどオナニーをしたことがないというのは違う。)この時期というのは確か小学4年生の2学期頃だったような気がする。このころは性的なものにメチャクチャ嫌悪感を抱いていたときだったのであるが、それに反するかのようにどきどきしていたのはいま考えても不思議である。

と個人的なことを書いたが、皆さんの性的問題（?ないかも）も含めてちょっと聞いてみたいと思っております。

オナニー関連用語解説

オナニーと同じ意味で使われる言葉に「マスターベーション」「自慰」「手淫」「せんずり」「マス（をかく）」などがある。この中で「マスターベーション」はちょっとすかしている・堅い、等の語感がある。「自慰」は慰めというところに「しょせんセックス（2人以上の相互的な性的行為を指す）のできない者の代替行為だ」というセックス中心主義が感じられる。「手淫」には手を直接使わないオナニーは含まれていない。「せんずり」は男の性器を千回もする（摩擦する）（実際は千回もこすらない）という所から来ているらしく、女のオナニーは含まないようだ。「マス（をかく）」はマスターベーションの略ではないかと思う。「ずりねたとは何ですか」と聞かれることがある。ずりねたとは「せんずりをする（かく、こく、という動詞を用いる）ときの材料」という意味です。マスターベーションファンタジーともいわれますが、すかしています。(水島)

ゲバゲバ
オナッコ
by. ぱかぱや
『いぬ』特集
ロボット中島くん
今度はロボット中島くんを買ってみた
シャキーン
シャキーー!!
バチッ!!
ウィーー
ウィーー
コビトオナ
オナニーのとき"道具"として使われるのと、
中島くん
"ファンタジー"として使われるのと、どっちがいい?
かっこいい人
…ファンタジーのほうかな…
ふーん
にやり
怖いこと想像しないでー
クックックッ

ゲバゲバオナッコ
「いぬ」特集豪華４本立て!!
【FROG『けもの道』
第3号（1996年）より転載】

今月のフェミ的

2007年 6月5日　第1刷発行

編　者；あくまで実践 獣フェミニスト集団FROG

発行人；深田 卓
装　幀；田邊恵里香
カバーイラスト；ぱやぱや
発　行；（株）インパクト出版会
113-0033 東京都文京区本郷 2-5-11 服部ビル
Tel 03-3818-7576　Fax 03-3818-8676
impact@jca.apc.org　http://www.jca.apc.org/~impact/
郵便振替　00110-9-83148
印刷・製本　シナノ